AF250388

LE

ROYAUME D'ANNAM

PAR

M. A. BOÜINAIS

CAPITAINE D'INFANTERIE DE MARINE
LICENCIÉ EN DROIT
CHEVALIER DE LA LÉGION D'HONNEUR, OFFICIER D'ACADÉMIE

ET

M. A. PAULUS

AGRÉGÉ DE L'UNIVERSITÉ, PROFESSEUR A L'ÉCOLE TURGOT
OFFICIER D'ACADÉMIE

PARIS

LIBRAIRIE MILITAIRE DE L. BAUDOIN ET Ce

LIBRAIRES-ÉDITEURS

30, Rue et Passage Dauphine, 30

1885

Tous droits réservés

LE
ROYAUME D'ANNAM

PAR

M. A. BOÜINAIS

CAPITAINE D'INFANTERIE DE MARINE
LICENCIÉ EN DROIT
CHEVALIER DE LA LÉGION D'HONNEUR, OFFICIER D'ACADÉMIE

ET

M. A. PAULUS

AGRÉGÉ DE L'UNIVERSITÉ, PROFESSEUR A L'ÉCOLE TURGOT
OFFICIER D'ACADÉMIE

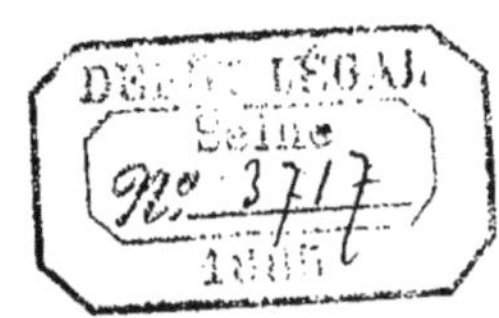

PARIS

LIBRAIRIE MILITAIRE DE L. BAUDOIN ET Cⁱᵉ

LIBRAIRES - ÉDITEURS

30, Rue et Passage Dauphine, 30

1885

Tous droits réservés.

LE

ROYAUME D'ANNAM[1]

———

I.

NOTICE HISTORIQUE.

Nous avons exposé, dans notre étude sur le protectorat du Tonkin, les événements qui donnèrent la couronne à Gia-Long, grâce à l'appui du vicaire apostolique Pigneau de Béhaine et des officiers français Dayot, Chaigneau, Ollivier, etc. Depuis la mort de ce prince, en 1820. sous Ming-Mang, Trieu-Tri et Tu-Duc, le royaume d'Annam suivit la politique d'exclusivisme de la Chine et se montra ennemi des Européens. La France et l'Espagne durent faire une expédition pour venger leurs nationaux ; la Basse-Cochinchine fut conquise de 1858 à 1862. Le monarque, contraint de signer le traité de Hué, du 5 juin 1862, voyait les provinces du Tonkin souvent troublées par les révoltes des partisans d'une dynastie nationale déchue, celle des Lê ; il ne maintenait son autorité qu'avec l'appui du Céleste-Empire. A la suite de l'expédition de Francis Garnier et du traité du 15 mars 1874, la France voulut exercer le protectorat sur le royaume d'Annam et fut conduite, après la mort du commandant Rivière (19 mai 1883), à conquérir le Tonkin et à lutter contre l'Empire du Milieu qui voulait

---

[1] Nous devons à l'obligeance de M. Grodet, sous-directeur aux colonies, et de M. le lieutenant de vaisseau de Champeaux, actuellement en mission à Hué, de très intéressants détails politiques et statistiques dont nos lecteurs apprécieront l'importance. Nous leur adressons ici nos bien vifs remerciements.

revendiquer son ancienne suzeraineté sur la dynastie des Nguyen. La cour de Hué fut obligée de signer les traités du 25 août 1883 et du 6 juin 1884. Mais, tout en acceptant en apparence le fait accompli, elle nous a toujours été hostile, et l'action du régent Nguyen-Van-Tuong se retrouve dans tous les événements de la dernière campagne. L'attention de nos généraux et de nos résidents doit être appelée sur ces faits : la paix avec la Chine est signée, il est temps de montrer à Hué que nous entendons exercer un protectorat effectif et ne pas être le jouet des mandarins.

C'est le moment que nous avons choisi pour donner dans cette *Revue* quelques renseignements peu connus sur le royaume d'Annam. Ils aideront, nous l'espérons, ceux qui ont mission de faire prévaloir en Indo-Chine l'action de notre pays et d'en faire une terre véritablement française. Désormais les Annamites ne peuvent plus avoir d'autre politique que la nôtre : sagement protégés, ils comprendront vite que leurs intérêts se confondent avec les nôtres.

Le régime du despotisme et des exactions doit prendre fin, et tout un peuple dont l'histoire montre la vitalité doit se régénérer au contact de notre civilisation.

II.

GÉOGRAPHIE PHYSIQUE.

L'empire d'Annam *(Sud pacifié)* est situé au Nord de la Cochinchine française qui formait autrefois sa partie méridionale. Ses limites astronomiques sont marquées par le 10° et le 20° de latitude Nord et par le 102° et le 107° de longitude orientale du méridien de Paris. Ses bornes sont, au Sud, la Cochinchine française; à l'Est, la mer de Chine ; au Nord, le Tonkin[1]; à l'Ouest, ses frontières sont indécises,

---

[1] C'est seulement sous Minh-Mang que fut fixée à la province de Ninh-Binh la limite septentrionale de l'Annam. Nous avons déjà eu l'occasion de dire (*Revue maritime et coloniale*, 1884), que nous regrettions que le traité Patenôtre, ratifié par la Chambre le 7 mai 1885, ait admis cette limite et n'ait pas donné au protectorat du Tonkin les provinces du Thanh-Hoa et du Nghé-An. Le traité du 25 juin 1883, signé par M. Harmand, tenait plus de compte des nécessités politiques que nous avons signalées et des traditions historiques de la Cochinchine. Le ministre des affaires étrangères, M. de Freycinet, a d'ailleurs admis dans la discussion que ce traité n'était qu'un *modus vivendi* provisoire, susceptible de modifications postérieures.

tracées au milieu de pays à peu près inconnus, habités par des tribus sauvages. Plus tard, ces limites seront fixées vers le Cambodge et le Laos, à mesure que notre domination s'affermira dans ces lointains pays. Elles devront au moins s'étendre jusqu'au Mékong, qui, à plusieurs reprises, a formé la limite de l'Annam.

L'empire d'Annam présente la forme d'un rectangle dont les côtés sont le Tonkin, la mer de Chine, la Cochinchine et la chaîne de montagnes qui sépare le bassin du Mékong des bassins des fleuves côtiers. Sa plus grande longueur, de la province du Binh-Thuan à la province tonkinoise de Thanh-Hoa, est de 1000 kilomètres. Sa largeur moyenne, de la chaîne de montagnes à la mer de Chine, est de 100 à 120 kilomètres. Sa superficie est d'environ 100,000 kilomètres carrés, sa population de 3 à 4 millions d'habitants.

Littoral. — Les côtes de l'Annam commencent à la frontière de la Cochinchine française, vers le cap Baké, à une petite rivière, le Tuan-Phong, et se dirigent sensiblement dans la direction du Nord jusqu'à l'entrée du golfe de Tonkin, en faisant une courbe dont la convexité regarde la mer et que le colonel Laurent compare plaisamment à un ventre de polichinelle. Elles présentent un développement de 1200 kilomètres.

Du *cap Baké* à la *pointe Kéga*, à 60 milles dans l'E.-N.-E. du cap Saint-Jacques, la côte se couvre de dunes boisées, mais la pointe elle-même est basse. A une douzaine de milles de la pointe Kéga se trouve, dans le Sud, l'*île Vache*, de forme ronde et boisée au sommet. A l'Est de la pointe Kéga, il convient de citer la petite *Poulo-Cécir-de-Mer*. Elle est habitée par des pêcheurs et bien cultivée. M. Harmand, après M. Le Myre de Vilers, avait spécifié, dans les négociations avec la cour de Hué, l'établissement d'un phare sur cette île. Par 9° 58' 23" lat. N. et 106° 45' 43" long. E., gît l'île *Soulier* ou *Poulo-Sapate*, aride et inaccessible (106 mètres), sans autres habitants que les oiseaux de mer.

Jusqu'à la pointe Kéga, la côte a couru de l'Ouest à l'Est en s'infléchissant légèrement vers le Nord; à partir de ce cap elle se dirige pendant 15 milles au N.-N.-E. et reprend vers l'Est à la *rivière Phu-Yai* ou *Pho-Gai* jusqu'à la *pointe Vinai (Moui-Né* ou *cap Né* de la carte Dutreuil de Rhins)*, petit morne assez élevé, noin loin duquel on remarque l'*île du Tigre*.

La pointe *Guio* (prononcez Nio), située à 12 milles de la précédente, se reconnaît par le mont du même nom, haute montagne de sable très abrupte à 2 milles dans l'Ouest; non loin de là se trouve la baie *Phaury* et sa rivière, sur les bords de laquelle est assis un grand village de pêcheurs. A 15 milles plus au nord se dessine la *pointe Lam*, langue de terre basse et étroite s'avançant dans la mer à une as se grande distance. A quelques milles on remarque *Poulo-Cécir-de-Terre (Culao-Cau)*, que les Annamites appellent *Hon-Cau;* cette île est rocailleuse et aride; elle a un mille de long sur un tiers de mille de large et affecte la forme d'un demi-cercle.

Le *cap Padaran* (*Nui-Dinh*[1] des Annamites), à 13 milles environ de Poulo-Cécir, est une terre élevée jointe aux montagnes de l'Ouest par un isthme formant une coupée très profonde à laquelle les indigènes ont donné le nom de *Cana* et les Européens celui de *brèche de Padaran*. Le mouillage de Cana est excellent. Les caboteurs chinois et annamites redoutent le voisinage du cap Padaran; il est toujours difficile de le doubler et la mer y est souvent mauvaise.

Du cap Padaran à la *baie de Pharang*, le rivage suit pendant 11 milles la direction générale du Sud au Nord; la baie présente un bon mouillage. Un peu au delà on trouve la limite septentrionale de la province du Binh-Thuan, et on arrive à la *baie de Vung-Gang*, entourée de hautes montagnes : elle offre un bon abri. Sur l'une des plages, au Sud, est bâti le petit village de pêcheurs de *Vink-Ki*.

Le *faux cap Varela*, en annamite *Nui-Da-Vaïch*, est ainsi nommé à cause de l'aspect des montagnes qui le font ressembler de loin au vrai cap placé plus au Nord. Il est par 11° 5′ de latitude et par 106° 50′ de longitude, près de l'*îlot de Hon-Chout* (120 mètres).

Du faux cap Varela au *cap Varela* lui-même se dessinent la *baie de Camraigne*, où abondent les huîtres et le poisson; c'est un des plus beaux havres de l'Annam, au milieu duquel est construit le petit village de *Bangaï*, protégé par un fortin et dont l'entrée est marquée par l'île *Tagne*, de 280 mètres d'altitude;

La *pointe Han-Nai*, rocheuse et nue, élevée de 160 mètres environ, et les *îles des Pécheurs*, habitées temporairement: *Hon-Nai* (la *Marmite*, 120 mètres) et *Hon-Ngoai* (110 mètres), la plus importante;

La grande *plage de Dgiaï*, d'une longueur de 9 milles, avec de hautes

---

[1] *Nui*, nez, promontoire.

dunes s'adossant au massif montagneux, vis-à-vis de laquelle se trouve l'*île Thré*, d'une longueur de 6 milles environ avec des sommets de 500 à 1000 mètres;

La *baie de Niatrang*, offrant un mouillage forain et d'un accès assez dangereux;

L'*île Dune* ou *Pyramide* (230 mètres), l'*île Caû*, l'*île Shala*, l'*île Sèche*;

La *baie de Binh-Canh* ou *Vung-Thuc*, excellent mouillage pendant les deux moussons;

Une grande presqu'île qui sépare la baie précédente de celle de Hone-Cohe et se termine au *cap Vert et Sec*;

La baie de *Hone-Cohe*, à laquelle donne son nom un petit village de l'Ouest, forme un golfe intérieur appelé *Van-Phong* par les Annamites, entre le cap Vert et le cap Varella, au sein duquel émergent plusieurs îles, dont la plus importante est l'*île Coua*, montagneuse et boisée, de 570 mètres d'altitude au plus haut sommet;

Le port excellent de *Vung-Ro* et l'*île de Hong-Ro*. Au cap Varela finit la province de Quang-Hoa.

Du *cap Varela* au *cap Lam*, le littoral a une direction générale N.-N.-O. Le *cap Varela* ou *de la Pagode* (*Nui-Nai* en annamite) a 750 mètres d'altitude et se distingue à 50 milles. La côte s'abaisse, au Nord, jusqu'à l'entrée de la *rivière de Phu-Yen*, bordant une vaste plaine, dont les montagnes estompent le fond à 70 kilomètres environ.

Avant d'arriver à la *pointe de Xuanday*, dont les collines sont en pleine culture, il faut signaler l'île *Mai-Nha* (toit de maison, 120 mètres). Dayot, qui visita ces parages en 1793, et fut un hydrographe de grand mérite, a donné le nom de port du Phu-Yen aux *baies de Xuanday*, *Vung-Lam et Vung-Chao*, mais aujourd'hui ce port est généralement connu sous le nom de *baie de Xuanday* : c'est la plus belle de toute la côte. On y trouve d'excellents mouillages pour l'une et l'autre mousson, avec au moins 8 mètres d'eau.

Vung-Chao et *Xuanday* sont de petits villages de pêcheurs, *Vung-Lam* renferme quelques cases. La baie regorge d'embarcations et la province de Phu-Yen est, en outre, une des mieux cultivées de l'Annam. La limite de la province est un peu plus au Nord au-dessous de l'île *Hon-Dat* (74 mètres).

La presqu'île qui forme à l'Est la baie de Xuanday, ouverte au commerce étranger par les traités de 1883 et de 1884, et souvent préférée à Quin-Nhon, dessine une série de pointes peu remarquables. Ce port servira de débouché aux produits du pays après l'ouverture de routes. Les contours extérieurs de la péninsule viennent former au Nord le *port de Cou-Mong*, havre excellent pour les navires moyens, très rapproché de Quin-Nhon, auquel il sert de port de refuge pendant la mousson de Nord-Est. La *pointe de Cou-Mong* s'appelle aussi *Vung-Mon*. En s'avançant vers le N.-E. on trouve, par 13°37′N. et 106°59′E., *Poulo-Gambir* (*Culao-Xanh* des Annamites, 110 mètres) avec un village indigène et un gisement calcaire.

Le port de *Quin-Nhon* ou de *Thi-Naï*, que nous trouvons à 5 milles de l'île de *Hon-Dat*, est, on le sait, un port ouvert aux Européens par le traité du 15 mars 1874. On y remarque les bâtiments français du Consulat, un fort à l'Est de la lagune, et sur la gauche de ces constructions, le village de *Gia* habité par des Chinois. Ce port, dont l'entrée est malheureusement difficile, présente une barre n'offrant que 4 mètres d'eau à marée basse et 5^m,60 à marée haute. Il n'est pas suffisamment abrité des vents du Nord et n'offre au mouillage qu'une superficie de 7,500 mètres sur 500 mètres, avec des fonds de 6 à 12 mètres. Gia-Long remporta une victoire navale à Quin-Nhon en 1792.

« La baie de Quin-Nhon offre une disposition singulière, dit M. Ch. Labarthe; c'est un golfe qui s'avançait autrefois très avant dans les terres. Le flux et le reflux de marée amenèrent peu à peu, à l'entrée du golfe, un cordon littoral qui a toujours été en s'accroissant à l'Est avec les sables et à l'Ouest avec le limon qu'apportent, à la crue annuelle des eaux, les deux rivières qui débouchent au fond du golfe. Le cordon littoral n'a pas tardé à émerger au-dessus de l'eau, et il constitue aujourd'hui une langue de terre jaune et basse isolant la baie intérieure de la haute mer. Une passe étroite, qui se trouve à droite, entre le rivage primitif et l'extrémité de la langue de terre, permet aux bateaux de venir mouiller dans la baie intérieure[1], et elle donne passage à un courant assez marqué, dû à la différence de température des eaux de la baie et des eaux de la haute mer. Au fond

---

[1] Si on laisse aux Annamites le soin d'entretenir cette passe, elle ne tardera pas à se fermer par la continuation du même phénomène qui a présidé à la formation du cordon littoral.

du golfe, le rivage est fermé par un cirque de montagnes élevées et boisées qui abritent un grand nombre de tigres. On aperçoit, sur une colline qui se dresse à pic sur la rive droite à l'entrée du port, les ruines d'un fortin annamite en maçonnerie qui commandait autrefois la passe de la baie intérieure[1]. »

De la baie de Quin-Nhon à l'*île Buffle* citons le *cap San-Ho*, près duquel est l'*île Calao-Han*, une série de mornes ne dépassant pas 360 mètres, la *pointe Vung-Bac*, reliée par une ceinture de sable à un massif montagneux, aux sommets granitiques et rougeâtres, bordant la côte jusqu'à la *pointe Nuot-Not*.

Du cap Nuot-Not au cap Batagan, le rivage présente une série de petites dunes coupées par des mouvements de terrain assez élevés qui forment des promontoires. Remarquons la *baie de Vung-Moë* et plus au Nord différentes petites îles, dont l'*île Tortue*, la *pointe An-Yo*, la *baie* et la *pointe Tamquan*, le *cap Sahoi.*

Le *cap Batangan*, par 15° 15′ lat. N., élevé et coupé à pic, est un peu au-dessus du *Rocher-Plat*. Au Sud et au Nord on trouve deux baies offrant un assez bon abri. 12 milles plus loin, le *cap Bantam* (*Lam-Ghiane,* Dutreuil de Rhins), profile de hautes arêtes. Entre ces deux caps on aperçoit *Poulo-Canton* appelée *Culao-Ray* par les indigènes; elle est formée de plusieurs cratères et pitons. L'île est habitée et cultivée, mais c'est un fort mauvais mouillage. Vient ensuite la *baie de Kiquick* ou *Vunh-Quit*, de 7 milles de large sur 3 de profondeur, au pied de montagnes dont le sommet le plus élevé a 650 mètres; auprès d'un morne du côté Ouest de la baie se trouve le petit village de *Bairan*. La limite de la province de Quang-Nai est très voisine du *cap Hapoix*. La côte est basse ensuite jusqu'à l'entrée de la *rivière Faï-Fo* ou *Cua-Doi*. A quelques milles de la rivière gît l'*île Culao-Cham*, très montagneuse, visible de 45 milles. C'est la dernière terre qu'on voit en allant de Saïgon à Haïphong. Elle offre de bons abris; on y trouve de la bonne eau et un village dont les terres sont bien cultivées; c'est l'atterrissage naturel pour les navires descendant du Tonkin.

De Faï-Fo à la *presqu'île Thien-Tcha* ou *cap Tourane*, la côte forme une grande baie très basse coupée dans son milieu par quelques rochers de marbre. Deux d'entre eux renferment de grandes grottes fort curieuses, transformées en pagodes et dont l'intérieur offre des parois ornées de couleurs variées. La *baie de Tourane*, comprise entre le cap Tourane à l'Est, et l'*île Culao-Han* (260 mètres) à l'Ouest, est fort belle avec ses rochers de marbre et son entrée de 3 milles 1/2 de largeur; mais elle est malsaine et sans ressources. Elle est entourée d'un magnifique paysage fermé presque partout par un amphithéâtre de collines boisées et de montagnes majestueuses. Au Sud s'ouvre la plaine où est située la *ville de Tourane*, à côté de rizières et de champs bien cultivés. La ville et les forts de Tourane ont été enlevés, le 31 août 1858, par l'amiral Rigault de Genouilly et évacués le 23 mars 1860. Le port a été ouvert au commerce par le traité du 25 août 1883. A *Hong-Tone*, à deux jours de marche dans le Sud-Ouest, se trouve une fort belle mine de charbon brûlant bien, si on le mélange avec du Newcastle ou du Cardiff d'Australie. En 1883 il valait 36 francs la tonne. Au-dessus de la baie de Tourane et de sa pointe nord se trouve la limite du Quang-Nam.

Le *cap Choumay* est situé par 16° 21' de latitude N., à l'extrémité d'une presqu'île élevée de 250 mètres réunie à la terre ferme par un isthme de sable; du large il ressemble à une île à deux sommets. La *baie de Tua-Moi* ou de *Choumay*, qui fait suite, communique par une petite embouchure avec la *lagune de Truoï*, qui mène à *Thuan-An*, entrée de la *rivière de Hué*. Le mouillage de Thuan-An, où aboutit le câble télégraphique de Saïgon et de Haïphong, est à un mille de la rivière de Hué. Il est défendu par des forts (Ha-Duong, Tranh-Haï, Thaï-Duong, Tran-Lang, Hapchau, Lochan, Luymoi) dont nous sommes maîtres depuis le 15 août 1883. Un canal intérieur facilite la navigation des jonques du cabotage entre le cap Choumay et Hué. Cette ville est à 12 milles de la mer. C'est au *cap Lay*, un peu au-dessous du 17° de latitude, que commence géographiquement le *golfe du Tonkin*. La limite de la province de Hué est par 16° 40' de latitude, celle du Quang-Tri, qui fait suite au cap Lay, près duquel s'élève le petit village de pêcheurs de *Ving-Banh*. En face du cap est l'*île du Tigre* (70 mètres), ayant l'aspect d'un chapeau aplati. Du cap Lay au *cap Vung-Chua* la côte est généralement basse, couverte de dunes; on y remarque l'*embouchure du Cua-Dong-Hoï*, la *pointe Da-Nhaï* et quelques pauvres villages. Au delà nous sommes dans les limites géographiques du Tonkin.

La côte de l'Annam est souvent accore, mais quelques bancs ou récifs doivent attirer l'attention des marins, parce que leur situation astronomique n'est pas encore déterminée avec une précision mathématique. Il convient jusqu'à ce jour de naviguer au large. Il faut citer les hauts fonds du cap Baké, au Sud de ce cap; le banc de Britto, au Sud de l'île Vache; les bancs Almazon et Duchaffaut, au S.-E. du cap La-Gan; le banc Breda, à l'Ouest du cap Padaran; le banc Castlereagh, vers les îles des Pêcheurs; la roche Bourayne, dans la baie de Binh-Canh, entre l'île Dune et l'île Tortue; la roche Ilyssus, au S.-E. de la pointe de Xuanday; le banc de Pâques, entre l'île Poulo-Gambir et le littoral; la roche Volta, au N.-O. de Culao-Ray; et la roche Ran-Man ou d'Entrecasteaux, au S.-E. des îles Culao-Cam.

Les courants des moussons dominent sur toute la côte de l'Annam (4 milles vers le cap Padaran en mousson de N.-E., 2 milles vers Tourane en mousson de S.-O.) et deviennent le courant ordinaire du flot, qui ne se fait guère sentir que dans les temps calmes. Il vient de N.-E. et se porte vers le S.-O. La marée arrive presque en même temps sur toute la côte du cap Baké au cap Batanban. Vers le Sud il y a deux marées : au Nord, nous trouvons le régime du golfe du Tonkin et une seule marée en vingt-quatre heures; elles sont faibles et irrégulières.

Orographie. — Parallèlement au littoral, une grande chaîne de montagnes sépare les bassins côtiers de l'Annam du grand bassin du Mékong. Cette chaîne, qu'on appelle *chaîne annamitique* ou quelquefois *chaîne des Moïs*, du nom des sauvages qui habitent ses plateaux et ses forêts dans sa partie méridionale, est une ramification des montagnes qui se détachent vers le 20ᵉ degré de latitude septentrionale du plateau central de l'Asie et séparent les bassins du Yang-Tsé-Kiang, du Song-Koï, du Mékong, du Meinam, de la Salouen et de l'Iraouaddy. Ses derniers contreforts viennent s'arrêter dans les arrondissements français de Bien-Hoa et de Baria.

Les hauts plateaux de la chaîne annamitique sont occupés par des tribus dont les unes sont indépendantes et les autres soumises à une vassalité plus nominale que réelle. Ces tribus semblent appartenir à des races diverses. Parmi elles il convient de citer les Chams, débris des Ciampois, chassés de siècle en siècle le long de la côte vers le Sud, et refoulés du rivage après la conquête des provinces de Nha-Tran et de Binh-Thuan.

Si nous étudions les différents contreforts envoyés vers l'Est par la chaîne annamitique en suivant le même ordre que dans la description du littoral, c'est-à-dire en nous dirigeant du Sud au Nord, nous trouverons, sur la frontière de la Basse-Cochinchine, les *hauteurs* mamelonnées de la *pointe Baké* (120 mètres), le *mont Taikou* (400 mètres), qui couronne la pointe Kéga; dans l'intérieur et à l'Ouest des sommets plus élevés, les *monts Tayne-Mau*, atteignent de 500 à 600 mètres d'altitude; au-dessus de la baie de Camraigne les sommets sont plus élevés : l'un a 1000 mètres d'altitude. Le massif qui domine la plage de Dgiai et court au Sud de la baie de Niatrang a une réelle importance; les hauteurs de l'île Thré qui y font suite, et ont dû jadis s'y souder, atteignent 1000 mètres.

Les montagnes de la presqu'île qui sépare les baies de Binh-Cang et de Hone-Cohe sont très pittoresques; elles s'élèvent à 850 mètres et sont généralement boisées. Les tigres sont fort nombreux dans cette partie de l'Annam et n'hésitent pas à attaquer l'homme en plein jour. En arrière de la presqu'île se trouve un important sommet de la chaîne faîtière de l'Annam, *la Mère et l'Enfant* (2.175 mètres); la baie de Hone-Cohe est aussi dominée par de hautes montagnes : *le Diadème* (1500 mètres) et *le Salaco* (1100 mètres). Toute cette partie est très pittoresque. La Mère et l'Enfant s'aperçoivent de l'île Thré et de la baie de Xuanday. Deux rochers en forme de doigts de grandeur inégale ont valu ces noms à ce sommet, point culminant de la région et probablement très voisin de la ligne de partage des eaux du Mékong.

Le *cap Varela* a 750 mètres d'altitude à la pagode ou *pic Da-Bia*; il se relie aux grandes montagnes de l'intérieur et joint le *Salaco* par une chaîne dans laquelle se trouvent, dit-on, des mines d'argent et une source d'eau chaude. La première de ces assertions a besoin d'être contrôlée.

Du cap Varela à l'embouchure de la rivière de Phu-Yen, les hautes montagnes s'éloignent de la côte, on n'aperçoit plus les sommets qu'à 70 kilomètres. Dans la plaine formée par la rivière de Phu-Yen s'élèvent deux petits mornes, celui de la *Pagode*, ainsi nommé parce qu'il est surmonté d'une petite pagode, et celui de l'*Épervier*, de 400 mètres d'altitude. A 7 milles dans le N.-O. de l'Épervier se détache encore des hautes montagnes un cône de 570 mètres. A l'ouverture de la baie de Xuanday on remarque deux sommets se faisant face de chaque côté, ayant respectivement 200 et 360 mètres. Le paysage de la baie est superbe.

Avant d'arriver à la baie de Quin-Nhon, nous trouvons près de la côte le *Nui-Vong-Dua*, dont les principaux sommets ont du Nord au Sud 565, 238, 570 et 337 mètres, et le *Nui-Ba-Hoa*, qui surplombe la baie de Quin-Nhon de 280 mètres; au Nord de la rivière, le massif de *Nui-Can-Ganh* atteint 185 mètres.

A partir de la pointe Nuoc-Not les montagnes isolées, sans système bien reconnu, appartiennent à la chaîne faîtière. En face Vung-Moe s'élèvent la Table-Ronde (670 mètres), et plus à l'Ouest le *Double-Pic* (700 mètres), *Les Mamelles* (910 mètres). De la pointe An-Yo au cap Sahoi se trouvent cinq sommets remarquables, dont le plus élevé, le *Sommet-Plat*, atteint 870 mètres; puis une longue chaîne inclinée vers l'Ouest et dont les altitudes assez grandes n'ont pas encore été déterminées. Sur les bords de la baie de Kiquick viennent mourir des montagnes dont l'un des sommets a 650 mètres.

Partant de l'extrémité nord de la baie de Tourane et courant parallèlement au 16º de latitude se détachent plusieurs sommets qui ont : les *Portes-de-Fer* 1200 mètres, d'autres 1210, 1490, 1110 mètres, le *Sommet-Triple* 1350 mètres et rejoignent la ligne de partage des eaux.

Signalons au-dessus de la baie de Tua-Moi des sommets de 250 et de 610 mètres.

En arrière de la plaine de Hué on rencontre les monts *Buong-Tan*, *Da-Han*, *Hon-Dun* (446 mètres), le *Pic-du-Midi* (700 mètres), et parallèlement dans l'Ouest une chaîne dont les principaux sommets ont : le *Double-Pic* 1810 mètres, le *Morne-Cachalot* 700 mètres, la *Dent-du-Tigre* 1300 mètres. Enfin, du cap Lay au cap Vung-Chua, qui a 700 mètres, se dressent divers pics dont le plus élevé, le *Grand-Sommet*, a 1660 mètres, et un peu avant d'arriver au cap, une montagne de marbre.

Hydrographie. — Les fleuves de l'Annam sont peu étendus; ils coulent dans la direction de l'Est à l'Ouest et descendent de la chaîne que nous avons précédemment étudiée. Des ramifications peu importantes et peu élevées séparent les bassins côtiers. Les cours d'eau ont comblé de leurs alluvions les baies de la côte primitive, formant ainsi des plaines très propres à la culture, mais dont l'étendue est insuffisante et ne peut fournir la quantité de riz nécessaire à l'alimentation du peuple. Vers les embouchures, les fleuves ont déposé, surtout dans l'Annam central, des bancs de sable qui ont donné naissance à des lagunes. Des dunes bordent le rivage; elles sont recouvertes d'une herbe rare et d'arbres chétifs. Il y aura lieu de voir dans l'avenir si l'on ne pourrait pas essayer d'utiliser ces champs de sable, comme on l'a fait en France dans les Landes et dans le Nord, par des plantations appropriées au sol et au climat.

Les fleuves ont peu de profondeur, leurs fonds sont souvent fort inégaux, ce qui constitue un grand obstacle pour la navigation, particulièrement pour les bateaux européens. Le régime des eaux est très variable, comme celui de tous les cours torrentueux. En général, le courant n'est pas fort, mais des crues rapides, de deux ou trois jours de durée, ont lieu pendant la saison des pluies; le niveau s'élève de 5 à 6 mètres et le fleuve inonde sa vallée. Les embouchures déversent alors assez d'eau pour refouler la mer au delà de la barre et balancer l'action du flot. Pendant la saison sèche, au contraire, les bateaux sont arrêtés.

Entre la pointe Kéga et la pointe Vinai (Moui-Né ou cap Né de la carte de M. Dutreuil de Rhins) viennent déboucher la *rivière de Phu-Yai*, encore mal connue, qu'on suppose passer à Tamlinh et former le *lac Bien-Luc* et la *rivière de Phane-Tiet*, sur la rive droite de laquelle se trouve le gros bourg de Han-Thuan. Sur la *rivière Phauri*, qui vient après, se trouvent Thuan-Phu et Binh-Thuan, capitale de la province de ce nom. Dans la baie de Camraigne, une petite rivière ayant la direction générale de la côte, sort d'un marécage qu'on trouve au pied de montagnes de 1010 mètres d'altitude, à cinq ou six lieues du rivage. La petite *rivière de Niatrang*, formée de plusieurs bras, se réunit en un seul qui passe à Niatrang, à 6 milles de la côte. A son embouchure est le village de Mintshuan, où résident de nombreux pêcheurs. Un petit fort défend Niatrang, où l'on trouve des chevaux et de la soie.

Nous trouvons ensuite la *rivière de Phu-Yen (Cua-Dâ-Rang)*, accessible aux jonques, plusieurs petits cours d'eau dans la baie de Quin-Nhon, dont l'un arrose cette ville, située à 15 milles dans l'Ouest. Une rivière se déverse au fond de la baie de Nuoc-Not, où est bâti un village assez important. Au-dessus de la pointe An-Yo, après deux villages, se voient l'embouchure de la *rivière Typhon*, près de la pointe Tamquan, le *Cua-Kimbourg* ou *rivière de Tamquan*. Les bords de ce cours d'eau sont plantés d'aréquiers et de cocotiers; enfin, avant d'arriver au cap Batagan se déverse la *rivière de Quang-Nay*, qui passe dans la capitale de la province de ce nom. Une petite rivière, nommée *The-Cau*, se jette sur le côté S.-E. de la baie de Kiquick; son embouchure, peu profonde, se fait remarquer par quelques îlots. Entre la baie Kiquick et le lac Hapoix se jette la rivière Hapoix ou Anhan, large mais peu profonde. Ce cours d'eau a un assez long parcours; sur ses bords est assis le village de Phu-Xuan.

La *rivière de Faï-Fo*, au S.-O. de l'île de Culao-Cham, a son embouchure marquée par un petit fort; elle communique avec la baie de Tourane et est assez profonde. Quang-Nan, capitale de la province, s'élève sur ses bords.

La *rivière de Tourane* est sans importance. Elle débouche dans la baie, au milieu de bancs qui en encombrent une partie. On trouve 1ᵐ,40 d'eau sur sa barre et la marée y atteint au maximum 1ᵐ,20.

La *rivière de Hué* (16° 34′ 50″ lat. N.), claire et limpide, formée par la réunion de deux forts ruisseaux qui descendent de montagnes à peine distantes de 20 kilomètres, est gênée par une barre sur laquelle, à basse mer, il n'y a pas plus de 3 mètres d'eau. La barre franchie, il y a plus de profondeur, 11 mètres sur fond de vase. D'après le P. Bouillevaux, on trouve encore 4 ou 5 mètres à la capitale. Autour de l'île, située en aval de la citadelle, le bras méridional a 3 mètres de profondeur et le bras septentrional 1 mètre seulement [1]. La rivière de Hué est souvent impraticable pendant la mousson de N.-E. Elle reçoit à droite le *Van-Dzuong*, le *Leguen-River* et le *Phu-Cam*, et à gauche le *Ba-Truc*. Son embouchure est à Thuan-An.

A 34 milles au Nord de Thuan-An est la *rivière des Palmiers*, qui traverse la province du Quang-Tri et arrive à la mer par deux bras, dont la barre ne peut être franchie que par les barques.

La *rivière de Cua-Dong-Hoy* (60 kilomètres) débouche à 37 milles du cap Lay et a sur sa gauche Dong-Hoy, chef-lieu du Quang-Binh, avec un petit fort à l'européenne.

Enfin viennent le *Cua-Ly-Hoa*, maigre ruisseau près de la pointe Da-Nhaï, le *Song-Giang* ou *Cua-Giang* à 2 milles au Nord, sur lequel se trouve la résidence d'un évêque français, et le *Cua-Ray*. Le Song-Giang prend sa source dans des grottes hautes et profondes où l'on

---

[1] R. P. Bouillevaux, *L'Annam et le Cambodge*, p. 443.

peut circuler en bateau et dont les parois sont couvertes d'inscriptions écrites en caractères jusqu'à ce jour indéchiffrables. Le Song-Giang reçoit à gauche le *Song-Naï* et à droite le *Song-Cheun*.

Climat. — L'empire d'Annam, situé entre la Basse-Cochichine et le Tonkin, participe au climat de l'une et de l'autre. Cependant la chaîne de l'Est du Mékong, en arrêtant les nuages apportés par la mousson de S.-O., renverse l'ordre des saisons observé dans notre colonie et joue le même rôle que les Ghatts dans l'Hindoustan. Dans l'Annam proprement dit la saison règne pendant la mousson de S.-O., d'avril en octobre, et la saison pluvieuse pendant la mousson de N.-E., d'octobre en avril. Les pluies commencent au mois d'octobre par de terribles orages; les cours d'eau débordent et couvrent les campagnes. Le pluviomètre marque jusqu'à 1ᵐ,25 en dix jours. La pluie se régularise ensuite jusqu'en novembre, époque où se produit une éclaircie de quelques jours; elle recommence ensuite jusqu'en avril. La saison pluvieuse est celle pendant laquelle se produisent les typhons et les raz de marée, surtout du mois d'octobre au mois de décembre. Les ouragans occasionnent de grands dégâts et détruisent parfois toute la récolte et toutes les paillottes d'une province. Les terres détrempées laissent dégager des miasmes auxquels on attribue les diarrhées, les dysenteries et les accès pernicieux constatés à cette époque. Pénible pour les Européens à cause de la persistance de la pluie, la saison humide est cependant réconfortante pour eux et rétablit l'organisme fatigué par les lourdes chaleurs de l'autre saison.

Tous les jours, pendant la saison sèche, on voit dans l'après-midi de gros nuages s'amonceler, et le nouveau venu dans le pays espère qu'un orage viendra rafraîchir l'air et atténuer la chaleur torride qui l'accable. Vaine illusion, le vent enlève les nuages bienfaisants qui vont crever sur les montagnes du Laos. Ce n'est qu'au commencement de la saison chaude qu'on essuie quelques orages occasionnés par le changement de mousson.

Les tableaux suivants, empruntés à la *Notice sur les colonies françaises*, publiée par le ministère de la marine pour l'Exposition d'Anvers, donnent le résultat des observations faites à Hué, en 1882, sur la température et la pression barométrique :

Observations thermométriques faites à Hué en 1882.

DÉSIGNATION.	Janvier.	Février.	Mars.	Avril.	Mai.	Juin.	Juillet.	Août.	Septembre.	Octobre.	Novembre.	Décembre.
Moyenne des maxima	22°71	22°22	23°59	27°39	31°79	32°54	32°44	32°69	29°79	28°19	23°91	21°22
Moyenne des minima	17°36	15°83	19°46	21°48	24°99	25°66	25°76	25°42	23°98	22°56	19°01	16°03
Moyenne mensuelle	20°3	19°02	21°52	24°43	28°39	29°10	29°10	29°50	26°88	25°38	21°46	18°62
Plus haute température pour chaque mois	26°6	29°4	28°7	31°8	34°8	36°3	35°	35°9	31°6	29°8	28°3	25°7
Plus basse température pour chaque mois	15°	11°	18°1	18°	23°5	24°7	24°	23°8	22°05	20°	15°	10°6

Moyenne annuelle : 24°45.

Saison des pluies.

Novembre.
Décembre.
Janvier.   } Moyenne 20°13.
Février.
Mars.

Saison sèche.

Avril.
Mai.
Juin.
Juillet.   } Moyenne 27°54.
Août.
Septembre.
Octobre.

Observations barométriques faites à Hué en 1882.

DÉSIGNATION.	Janvier.	Février.	Mars.	Avril.	Mai.	Juin.	Juillet.	Août.	Septembre.	Octobre.	Novembre.	Décembre.
Moyennes barométriques	762,29	761,72	760,81	756,72	755,31	754,83	752,63	763,75	754,59	756,47	759,80	760,12
Jours de pluie	3	14	6	7	6	8	8	4	10	16	19	12
Plus grande pluie du mois en millimètres	24	155	155	66,5	17,5	14,5	43	12	290	156	262	57
Hauteur totale de pluie en millimètres	320	323,5	146,5	102,5	59,2	39,5	139	29	1248	842,5	12,5	304
Moyennes ozonométriques	8,09	10,5	11,1	9,30	6,1	1,2	0,4	0,3	2,1	6,09	13,1	14,1

Moyenne barométrique annuelle. 754,20
Total des jours de pluie dans l'année. 113
Moyenne ozonométrique annuelle. 6,865

Le climat de Hué est celui des territoires compris entre le Quang Nam et le cap Padaran. Au Nord nous trouvons les conditions climatériques du Tonkin, au Sud celles de la Basse-Cochinchine. ·

Le climat de l'Annam est généralement malsain, dit le P. Bouillevaux, surtout dans les parties basses, où la chaleur et l'humidité engendrent des fièvres et des dysenteries. Les parties hautes du pays sont plus saines, mais les montagnes boisées occupées par les sauvages sont inhabitables, non seulement pour les Européens, mais même pour les Annamites. C'est le pays de la fièvre des bois. Les missionnaires ont beaucoup souffert dans la vallée supérieure du Nghé-An.

D'après les renseignements qui nous sont parvenus, la mortalité à Hué et à Thuan-An, du 20 août 1883 au 1er janvier 1885, a été de 61 décès sur une garnison de 666 hommes (dont 100 tirailleurs annamites), soit une mortalité de 9,16 p. 100.

Les décès se répartissent ainsi :

Dysenterie.	31
Fièvre pernicieuse.	18
Fièvre typhoïde.	2
Phtisie	2
Maladies diverses.	8

61

La dysenterie est la cause des 2/3 des décès et donne les 3/4 des malades évacués sur les hôpitaux de la Basse-Cochinchine ou renvoyés en France.

L'expérience acquise à Hué permet déjà de donner quelques conseils sur l'hygiène du vêtement. L'habillement de drap doit être porté pendant la saison de pluies, les vêtements blancs pendant la saison chaude. A ce moment, il est imprudent de sortir, même en casque, de huit heures du matin à cinq heures du soir. Au contraire de la Basse-Cochinchine, les nuits sont généralement douces et permettent un repos constant; on échappe ainsi à la torpeur qui gagne l'Européen aux bouches du Mékong. Il est permis d'affirmer que la garnison de Hué ne sera pas une des moins agréables du protectorat, dès que le génie aura pu procéder aux installations nécessaires.

III.

GÉOGRAPHIE POLITIQUE.

Pouvoir central. — Le gouvernement de l'Annam est la monarchie pure, absolue, sans contrôle, sans constitution. Le chef est l'empereur (*Duc Hoang De*), souverain temporel, grand pontife et juge suprême, mandataire de la divinité, père et mère du peuple. Il est le *fils du Ciel*; son nom ne doit pas être prononcé de peur de profanation.

Le pouvoir royal n'a d'autres limites que le Code, dérivé du Code chinois, et les coutumes qui se sont maintenues par la puissance de l'habitude depuis des siècles, qui se sont transmises de dynastie en dynastie et sont conservées avec un soin jaloux par le ministère des rites. Un manquement aux usages est une chose d'une extrême gravité. L'étiquette est une chose sacrée à la cour de Hué. Il a fallu les victoires de la France pour faire passer nos ambassadeurs par la porte royale, longtemps refusée à nos représentants. Dans son intéressante relation sur sa mission à Hué, le commandant Brossard de Corbigny nous donne de curieux détails sur le soin des Annamites pour perpétuer le cérémonial traditionnel des audiences royales. Les introducteurs des ambassadeurs craignaient que la moindre erreur de cérémonial n'attirât sur eux le courroux impérial. A la suite de la séance solennelle, deux princes furent sévèrement punis. Ils avaient eu l'audace de sourire devant Tu-Duc de l'uniforme de nos officiers de marine, si différent du costume annamite. Nous pouvons être indulgents pour cette faute, et Montesquieu, dans ses *Lettres persanes*, nous montre que nos compatriotes s'exposeraient tous à la vindicte des lois s'ils étaient Annamites.

Bossuet était dans la vraie donnée historique quand il parlait de l'*immuable Orient*. Les annales de la Chine et de l'Indo-Chine, inconnues au XVIIe siècle, ne donnent pas un démenti au grand évêque de Meaux jugeant les faits de l'Asie occidentale; elles confirment au contraire le jugement porté avec le regard du génie. Toute la direction des affaires repose sur le prince, qui seul est chargé du redressement des torts des ministres et des fonctionnaires subalternes. Malheureusement le roi, élevé dans le harem, écarté du gouvernement pendant sa jeunesse par une jalouse surveillance des maîtres du pouvoir, n'a pu se préparer à sa mission et demeure en réalité un instrument entre les mains des grands mandarins du *Comat* ou conseil secret. Actuellement le premier régent Nguyen-Van-Thuong est tout-puissant à la cour de Hué. Les fantômes de rois qui se sont succédé depuis la mort de Tu-Duc ont été réduits à la condition de Sigebert II ou de Childéric III sous les maires austrasiens : ils ont été ses ôtages et ses victimes.

Comme les Pharaons de l'antique Égypte, le monarque est soumis aux minutieuses pratiques d'un cérémonial religieux emprunté aux traditions et aux livres sacrés, les *Kinh*. Lui seul a le droit d'offrir les sacrifices solennels au *Thuong-De* ou suprême souverain des hommes. En cas de malheur public, le Fils du Ciel se considérant comme responsable envers la divinité, s'humilie devant elle, confesse humblement ses fautes dans des actes publics, ordonne des jeûnes, fait des sacrifices propitiatoires. « Confucius et les philosophes de son école ont tracé les règles de la conduite de l'empereur; s'il s'en écarte, il pèche, il forfait à sa mission, il perd le mandat du ciel (*thien-mung*). Perdre le mandat du ciel c'est perdre l'empire, car lorsqu'un souverain gouverne tyranniquement le peuple, l'histoire nous montre de loin en loin, surgissant au moment décisif, un homme supérieur, écho des idées de tous, qui déclare que le souverain a perdu le mandat du ciel. Cette fatale excommunication, engendrée et répercutée dans la conscience publique, suffit pour faire écrouler la dynastie. Mais cette évolution dans les esprits est lente à se produire et révèle d'effroyables souffrances, car c'est un acte d'impiété, un sacrilège, que de se révolter contre celui qui possède le mandat du ciel[1] ».

La politique impose la polygamie au roi; il choisit ses épouses dans les familles des grands mandarins et s'assure ainsi de leur fidélité. Dans le harem royal on rencontre des eunuques, mais là seulement c'est un grand point de différence avec les pays musulmans.

---

[1] Il faut toutefois faire la part des supercheries possibles de l'entourage des princes et des révolutions de palais. Ainsi Tu-Duc était parvenu au trône par les soins d'un haut dignitaire du royaume, Truong-Dang-Què, qui le protégeait et qui, à l'insu de la cour, et au détriment du fils aîné, Hong Bao, fabriqua un faux testament du prince défunt Trieu-Tri, mort d'une attaque d'apoplexie sans avoir pu exprimer ses dernières volontés. Le récit des intrigues du régent actuel Nguyen Van Thuong ne serait pas moins édifiant.

Le pouvoir se transmet de mâle en mâle par ordre de primogéniture, entre les enfants issus de la reine, unique femme de premier rang[1]. Les filles sont exclues du trône parce qu'elles ne peuvent rendre aux ancêtres le culte familial. Elles peuvent, toutefois, exercer la régence. Souvent les femmes ont exercé une grande influence sur l'esprit de leur mari ou de leurs enfants. Tu-Duc avait une touchante affection pour sa mère.

Comme au Cambodge, le souverain reçoit les requêtes des sujets qui se plaignent de l'administration ou de la justice des mandarins. Un tam-tam est suspendu à la porte du palais. Le plaignant n'a qu'à frapper pour attirer l'attention des officiers de garde et son placet est examiné par un tribunal spécial (*dai-li-thi*).

Le magistrat prévaricateur est puni, mais une dénonciation calomnieuse entraîne la peine du bambou pour son auteur. Le régent actuel, Nguyen-Van-Thuong, fut ainsi dégradé de 1865 à 1867 sur la plainte des habitants de Hué.

Tous les citoyens de l'Annam sont égaux devant le roi, comme tous les Ottomans devant le Sultan; comme dans l'antiquité, tous les Assyriens devant les Sargonides ou tous les Perses devant les Achéménides. Il n'existe pas de noblesse, à moins qu'on ne donne ce nom, faute d'un autre vocable, aux personnages honorés des titres de *cong*, *hau*, *ba*, *tu* et *nam*, à la suite d'actions d'éclat ou de services distingués. Ces titres n'ont aucun rapport avec les fonctions exercées, et un officier du dernier degré peut être *cong* ou *hau*, tandis qu'un haut mandarin ne sera salué que des titres de *tu* ou de *nam*. Ces titres nobiliaires donnent certains droits de préséance dans les cérémonies publiques et certaines exonérations en matière fiscale; ils se transmettent de père en fils, mais diminués d'un degré à chaque génération : ainsi le fils d'un *ba* a le titre de *tu* et le petit-fils le titre de *nam*. Gia-Long avait institué un nouvel ordre de noblesse, le *Minh-Ngai-Cong-Than* ou ordre des sujets de fidélité et de mérite éclatant; Minh-Mang, son successeur, le supprima, parce qu'il craignait qu'il ne fit naître à la vie politique une noblesse héréditaire.

On trouve chez les Annamites des majorats constitués par des propriétés données par le prince en récompense de services rendus à l'État. Ces majorats, transmissibles de mâle en mâle, par ordre de

---

[1] E. Luro, *Le pays d'Annam*, p. 90.

primogéniture, peuvent être comparés aux *huong-ha* constitués par le chef de famille en vue de perpétuer le culte des ancêtres.

Les princes de la famille royale se considèrent souvent comme au-dessus des lois et se rendent coupables d'exactions qui, dans d'autres pays, entraîneraient sur leurs auteurs les châtiments du roi. L'un d'eux, Huong-Huu, raconte M. de Champeaux, fit réparer son palais il y a quelques années. Il invita ses frères et ses sœurs à un banquet, et le lendemain il ouvrit son théâtre privé au public. Un grand nombre de spectateurs vinrent au divertissement. A peine étaient-ils entrés que Huong-Huu fit fermer les portes et les fit occuper par ses satellites. Il obligea alors les assistants à ramasser les cailloux et les briques cassées pour les jeter hors de l'enceinte. Les malheureux furent condamnés à ce travail forcé qui ne dura pas moins de 15 heures, de 8 heures du matin à 11 heures du soir. Encore ce fait, le seul que nous citons, pourrait-il passer pour une peccadille à côté de certains actes que nous ne voulons pas raconter.

Immédiatement au-dessous du roi est le conseil de censure, formé de deux présidents (*do-ngu-su*), de deux membres, d'un juge pour Hué, d'un juge pour les provinces, d'un chef du secrétariat, de secrétaires et d'écrivains. Il contrôle l'administration du royaume et surveille la conduite des fonctionnaires. Il peut faire des observations au souverain lui-même.

Le conseil secret ou *Comat-Vien* comprend un président (*Van-minh-dien-dai-hoc-si*), les ministres des finances, de la justice et de l'intérieur et sept employés supérieurs, délégués par les ministères de la guerre, des rites, de l'intérieur, de l'Académie nationale, etc.

Les affaires soumises à l'examen du roi sont examinées par le conseil royal ou *Noi-Cac*, composé de fonctionnaires des degrés secondaires de la première classe [1].

La cour suprême (*dai-ly-thi*) comprend un président (*tu-kahn*), un juge, des secrétaires, des commis et des écrivains. Il existe une

---

[1] Il est d'usage dans l'Annam, lorsqu'un fils est parvenu aux hautes fonctions du pays, de conférer à ses parents un titre honorifique du mandarinat. On veut ainsi inspirer le respect aux gens du peuple, car on ne peut admettre que le fils soit grand dignitaire et que les parents restent de simples roturiers. Cette coutume est aussi celle de la Chine. (Voir le colonel Tcheng-Ki-Tong, *les Chinois peints par eux-mêmes*). Ce détail montre bien la différence de la civilisation occidentale. Chez nous, l'homme ne craint pas d'affirmer qu'il est fils de ses œuvres.

justice de la famille royale (*ton-nhon-phu*). Le roi préside le tribunal suprême qui, joint au tribunal des censeurs et au tribunal du ministère des peines, constitue le *tribunal des trois règles*. Cette cour examine toutes les affaires judiciaires soumises au roi et revise dans sa session d'automne tous les jugements des condamnés à mort.

Ministères. — Mandarins. — Il y a six ministères : ceux de l'intérieur ou de l'administration (*lai-bo-thuong-tho-duong*), des finances (*ho-bo-thuong-tho-duong*), des rites (*le-bo-thuong-tho-duong*), de la guerre (*binh-bo-thuong-tho-duong*), de la justice ou des peines (*hinh bo-thuong-do-duong*) et des travaux publics (*cong-bo-thuong-do-duong*).

Chaque ministère ou grand tribunal est géré par un ministre (*thuong-tho*), assisté de deux premiers assesseurs (*tham-tri*), de deux seconds assesseurs (*thi-lang*), d'un secrétaire (*bien-ly*), de plusieurs chefs de bureau, d'employés et de lettrés, en nombre variable.

« Les affaires des ministères ne sont pas, comme chez nous, décidées et signées par le ministre seul, remarque E. Luro. Elles sont soumises à l'examen de cette espèce de tribunal ou de section de conseil d'État, présidée par chaque ministre dans son département. Pour qu'une affaire sur laquelle le ministre a le droit de prononcer en dernier ressort soit suivie d'exécution, il faut que tous les membres adoptent le même avis, car le dissentiment d'un seul entraîne la nécessité d'en référer au roi[1]. » L'affaire est alors portée au conseil royal. Inutile de faire ressortir la perte de temps que cause une semblable procédure et l'encombrement des affaires devant le *Noi-Cac*.

Les fonctionnaires civils soumis à l'autorité des ministres comprennent des fonctionnaires supérieurs et des fonctionnaires de neuf degrés, dont plusieurs sont divisés en plusieurs classes. Nulle part le respect de la hiérarchie n'est poussé plus loin. Ces dignitaires reçoivent annuellement une solde en sapèques et en mesures de riz et une indemnité pour frais d'habillement. Les fonctionnaires civils du premier degré et de la première classe reçoivent 400 ligatures de sapèques de zinc, 300 vuongs de riz et 70 ligatures pour frais d'habillement. Les fonctionnaires du dernier ordre ne reçoivent que 18 ligatures, 16 vuongs de riz et 4 ligatures pour leur costume. Une petite plaquette d'ivoire, suspendue au cou, porte écrits le rang et les fonctions du mandarin.

[1] Luro, *Le pays d'Annam*, p, 94.

« Le grand costume de mandarin ne se porte que dans les circonstances solennelles. Pour les quatre premiers des neuf grades de la
hiérarchie, c'est une grande robe à vastes manches, en soie brodée
d'animaux et de dessins fantastiques de toutes couleurs. Dans la robe
des civils, se trouvent le dragon, la grue, la tortue. Pour les militaires, c'est le tigre qui étale surtout sa figure farouche. Toutes ces
étoffes sont faites en Chine. Le bonnet se compose d'une calotte noire
contenant, noués en chignon, les cheveux portés de toute leur longueur.
Sur cette coiffure s'étalent des ornements dorés et, de chaque côté,
deux ailettes étroites et longues d'un pied, s'étendant horizontale-
ment; elles sont en gaze, brodées de fils d'or et ressemblent assez aux
ailes légères des libellules. A la taille, une ceinture en forme de cer-
ceau, ne serrant pas les hanches, porte des pierres plus ou moins pré-
cieuses; à la hauteur de ce cercle, des espèces de nageoires inclinées
s'ajoutent à la robe et débordent en arrière la ceinture du mandarin.
Pour chaussures, enfin, des bottes chinoises à grosses semelles
blanches. Le complément de ce costume est une palette d'ivoire,
espèce de grand couteau à papier, très épais, qui se tient les mains
jointes, devant la poitrine. C'est l'emblème du commandement. La
solde d'un haut fonctionnaire peut s'élever, par mois, à une centaine
de francs, au maximum; plus un certain nombre de rations de riz, et
surtout une quantité variable de petits et gros bénéfices illégaux
apportés par des circonstances que tout habile homme sait faire
naître. Tout cela réuni finit par constituer une position dans ce pays,
où la vie est pour rien, où l'on ne donne qu'une ration et un franc
par mois à chaque soldat pour tous ses services. Pour ces derniers,
il est vrai, le village est de quelque secours : on leur laisse cultiver un
lot des terrains de la commune[1]. »

Une organisation aussi puissante a pour but d'assurer l'expédition
des affaires, mais elle ne l'atteint pas : en voulant la faire trop forte,
trop absolue, on n'a réussi qu'à détruire toute initiative, qu'à entraver
toute réforme, la routine domine en maîtresse.

Tous les fonctionnaires sont désignés par les Européens sous le
titre de mandarins. Il y a sept degrés du mandarinat, et deux classes
par chaque degré. M. Aubaret donne, dans sa *Description de la Basse-*

---

[1] Brossard de Corbigny, *Tour du Monde*, 1er semestre 1878, p. 48

Cochinchine, le tableau suivant du mandarinat, rédigé d'après les notes de Phan-Tan-Giang.

1re *classe du* 1er *degré.*

Ordre civil.   Ordre militaire.

Grand censeur.   Maréchal du centre.

2e *classe du* 1er *degré.*

Vice-censeurs.   Général en chef commandant l'aile droite des régiments de la garde.
Amiral en chef.

1re *classe du* 2e *degré.*

Présidents des ministères.   Généraux de division.
Gouverneurs généraux des provinces.   Vice-amiral.
Général commandant militaire du territoire de Hué.

2e *classe du* 2e *degré.*

Assesseurs ou conseillers des ministères.   Certains généraux de division.
Gouverneurs particuliers des provinces de second ordre.   Contre-amiraux.

1re *classe du* 3e *degré.*

Aides-assesseurs des ministères.   Commandants des régiments royaux.
Gouverneur civil du territoire de Hué.   Généraux des régiments de milice provinciale.
Chefs de service de l'administration provinciale.

2e *classe du* 3e *degré.*

Secrétaires des tribunaux ministériels.   Commandants en second des régiments royaux.

Ordre civil.	Ordre militaire.
	Lieutenants-généraux des régiments de milice provinciale.

1re *classe du 4e degré.*

Chefs du service judiciaire en province. Chefs de division des ministères.	

2e *classe du 4e degré.*

Gouverneurs particuliers des provinces de troisième ordre.	

1re *classe du 5e degré.*

Directeurs des études en province. Sous-gouverneurs des provinces de troisième ordre.	Commandants des régiments provinciaux.

2e *classe du 5e degré.*

Administrateurs de département.	Commandants en second des régiments provinciaux.

1re *classe du 6e degré.*

Administrateurs adjoints de département.	Chefs de compagnie des régiments provinciaux.

2e *classe du 6e degré.*

Administrateurs d'arrondissement. Secrétaires généraux du service administratif ou judiciaire en province.	

1re *classe du 7e degre.*

Professeurs de l'État, surveillants des études dans l'étendue d'un département.	

Ordre civil.	Ordre militaire.

Sous-secrétaires généraux des services dans les provinces.

2e classe du 7e degre.

Directeurs des études dans un arrondissement.
Chefs de canton récompensés du
titre *tien-ho* à cause de leur
bonne administration.

L'arsenal (*Vo-Kho*) est placé sous les ordres d'un directeur, assisté
d'un sous-directeur, de chefs de bureau, de secrétaires et de lettrés.
Le service des travaux de l'arsenal est dirigé par un fonctionnaire du
département des travaux publics; il existe un service spécial des
palais royaux et des travaux pour le prince. Dans ce pays, où une
partie des impôts est acquittée en nature, sont établis de nombreux
magasins, gardés par un nombre considérable d'employés, et des ate-
liers qui rappellent ceux de la fin de la tétrarchie ou des souverains
de Ravenne et de Byzance. On croirait, en lisant les titres de cette
tourbe de fonctionnaires, avoir sous les yeux la *Notice des dignités de
l'empire*. On trouve les magasins des riz (*thuong-truong*), le trésor
pour l'argent, le trésor pour les sapèques, les magasins royaux (*noi-
vu-phu*) et la direction des travaux de ces magasins (*noi-tao*), le magasin du matériel des troupes (*tien-tho*), les magasins de bois de
construction (*moc-thuong*), le service de la marine marchande (*tau-
chanh*), le service des artifices (*hoa-phao*), celui de la poste (*thong-
chanh*), celui de la conservation et du culte des tombeaux royaux, la
garde des édifices de l'État, de l'entretien des palais des princes, etc.
A Hué se trouvent les trésor et magasin des bijoux (or, argent, mé-
dailles d'or et d'argent, clous d'or et d'argent, piastres mexicaines,
or massif, argent massif, cuvettes d'or et d'argent, chandeliers, vases,
cuillers d'or et d'argent), les magasins des broderies, des soieries
chinoises, des soieries annamites, des marchandises et des médecines, des perles et des diamants, le trésor particulier de la reine-
mère et les trésors affectés aux provinces.

Divisions administratives. — La division administrative de l'Annam est la même que celle qui était autrefois appliquée à la Cochinchine et au Tonkin. Les provinces étaient subdivisées en *phus* ou départements et en *huyens* ou arrondissements.

Le tableau suivant fait connaître les provinces de l'Annam proprement dit. Nous ferons remarquer que le Binh-Thuan est l'ancien royaume de Ciampa; il avait été cédé à la France par le traité du 25 août 1883 et il fut rétrocédé à la cour de Hué par le traité du 6 juin 1884 [1]. Les provinces du Nghé-An et du Thanh-Hoa, autrefois tonkinoises, ont été réunies à l'Annam sous le règne Minh-Mang. Elles lui ont été laissées par la convention signée par M. Patenôtre. Elles étaient séparées de l'Annam par les lignes de Vung-Chua. Ces lignes n'étaient plus entretenues depuis leur annexion. Dans la pensée du négociateur du 25 août 1883, M. Harmand, l'annexion du Binh-Thuan à la Cochinchine, en dehors de certains avantages économiques, nous permettait de nous rapprocher du Laos en tournant par l'Est le Cambodge qui n'avait pas encore signé la convention du 17 juin 1884, extensive de notre protectorat; d'un autre côté, la prise de possession du Nghé-An et du Thanh-Hoa nous étendait vers le Nord de l'Annam. C'était un premier pas vers l'absorption du royaume qui, tôt ou tard, s'imposera pour mettre un terme aux ruses et aux perfidies de la cour.

Tableau des provinces de l'Annam.

PROVINCES.	PHUS.	HUYENS.
		1° Au sud de la capitale.
1 Hué	Thua-Thien	Huong-Tra, Phu-Vinh, Phu-Dien, Huong-Thuy, Phu-Loc, Phong-Dien.
2 Quang-Nam	Thang-Binh	Le-Duong, Ha-Dong, Que-Son.
	Dien-Bang	Diên-Phuoc, Hoa-Vang, Duy-Xuyen.
3 Quang-Ngoai	Tu-Nghia	Chuong-Nghia, Binh-Son, Mo-Duc.
4 Binh-Dinh	Hoai-Nhon	Phu-Cac, Phu-My-Bong-Son.
	An-Nhon	Tuy-Vien, Tuy-Phuoc.
5 Phu-Yen	Tuy-An	Dong-Xuan, Tuy-Hoa.
6 Binh-Hoa	Ninh-Hoa	Quang-Phuoc, Tan-Dinh.
	Dien-Khanh	Phuoc-Dien, Vinh-Xuong.
7 Binh-Thuan	Ham-Thuan	Tuy-Dinh, Hoa-Da.
	Ninh-Thuan	Tuy-Phuoc, Tuy-Phong.

[1] Le Conseil colonial de la Cochinchine avait consenti à de grands sacrifices pour assurer l'administration du Binh-Thuan. Cette province n'est pas riche, on n'y trouve guère que du bois et des chevaux, sans doute des mines dans la montagne, mais le rivage présente d'assez bons mouillages et son annexion permettait de rectifier la frontière de notre colonie.

PROVINCES.	PHUS.	HUYENS.
		2° *Au nord de la capitale.*
8 Quang-Tri.....	Trieu-Phong......	Dang-Xuong, Minh-Linh, Dia-Linh, Hai-Lang.
	Cam-Lo...........	Huong-Hoa (plus 9 *chaus*, Nam-Vinh, Na-Huinh, Ta-Bang, Thuong-Ké, Man-Bong, Xuong-Thanh, Tam-Bon, Ba-Lang et Lang-Thoi).
9 Quang-Binh ...	Quang-Ninh.......	Phong-Loc, Le-Thuy, Phong-Dang.
	Quang-Trach......	Binh-Chanh, Bo-Trach, Minh-Chanh.
10 Nghè-An......	Anh-Son..........	Nam-Duong, Hung-Nguyen, Thanh-Chuong, Chon-Loc, Luong-Son.
	Dien-Chau........	Dong-Thanh, An-Thanh, Quinh-Luu.
	Qui-Chau.........	Tuy-Van, Quê-Phong, Nghia-Duong.
	Tuong-Duong......	Tuong-Duong, Ky-Son.
	Tran-Ninh	Lien-Kham, Liem, Khuong, Cac, Quang, Xuy, Moc.
	Tran-Biên	Don-Ho, Phong-Loc, Man-Soan, Man-Lang.
	Tran-Dinh	Tru-Nguyen, Yen-Son, Mong-Son.
11 Ha-Tinh ...... (Enclavée dans le Nghè-An.)	Ha-Thanh..... ...	Ki-Anh, Cam-Xuyen, Thach-Ha.
12 Thanh-Hoa....	Duc-Thu..........	La-Son, Phu-Xuan, Thien-Loi, Huong-Son, Tan-Cac.
	Ha-Trung.........	Tong-Son. Han-Loi, Nga-Son, Hoang-Hoa, My-Hoa.
	Tinh-Gia..........	Ngoc-Son, Quang-Xuong, Non-Cong.
	Thien-Hoa	Hoai-Nguyen, Dong-Son, An-Dinh, Quang-Hoa, Vinh-Loi, Cam-Thuy, Thach-Thanh, Quang-Dia.
	Tho-Xuan.........	Van-Duong, Trinh-Co, Sam-Na, Nam-Duy, et quatre *chaus*, Luong-Chanh, Thuong-Xuan, Kai-Hoa, Tran-Man.

On a vu souvent, dans l'Annam, plusieurs provinces soumises à
l'autorité d'un gouverneur général que les Européens considéraient
comme un vice-roi. Dans un pays où le pouvoir central, malgré le
service des *trams*, ne pouvait être rapidement informé des événements avant quelques jours et ne pouvait envoyer ses ordres que par
la même voie, souvent trop lente, l'action d'un fonctionnaire de rang
élevé, d'une réelle expérience, vieilli sous le harnois, prévenait souvent de graves complications. Mais les gouverneurs généraux n'in-
tervenaient près des gouverneurs particuliers que dans des cas déter-
minés ou quand ces derniers demandaient leur assistance. En temps
normal, chaque gouverneur correspondait directement avec le gouvernement et administrait sa province sous sa responsabilité per-
sonnelle.

Dans chaque province, le gouverneur ou *quang-bo* est assisté par
des fonctionnaires inférieurs répartis en cinq bureaux : du personnel,
des finances, des rites, de la guerre et des travaux publics. Le service de la justice est assuré par l'*an-shat* ou *quan-an*, lieutenant criminel du gouverneur.

Les huyens sont divisés en cantons, administrés par des chefs de canton, et les cantons en communes, régies par leurs notables. Nos administrateurs et nos résidents nous ont fait connaître la grande indépendance laissée aux notables dans le règlement des affaires municipales.

Les missionnaires font également remarquer la grande autonomie dont jouissent les communes annamites : « Aucun mandarin, serait-il gouverneur de la province, n'a le droit de pénétrer dans un village avec des gens armés, s'il n'est accompagné du maire ou des notables de l'endroit. Il peut, s'il a besoin de faire des perquisitions, cerner le village et sommer le maire de l'introduire, mais ce n'est que conduit par celui-ci qu'il y pénétrera. Le défaut de ces formalité exposerait le mandarin à être traité comme brigand et à être repoussé par la force [1]. » Chose singulière, chez les Assyriens, un gouvernement qui ne connaissait d'autre règle que l'omnipotence royale, admettait de même certaines libertés communales et plaçait à la tête des villages un conseil de notables. Plus nous avançons dans l'étude de la civilisation indo-chinoise, plus nous trouvons de points de ressemblance avec les formes antiques du gouvernement de l'Asie occidentale. Il y aura là un beau sujet d'étude d'histoire comparée des civilisations.

Justice. — La justice est rendue par les préfets et les sous-préfets, qui sont à la fois agents de l'ordre administratif et de l'ordre judiciaire, contrairement aux principes de séparation des pouvoirs suivis en France. Dans chaque arrondissement, le tribunal du préfet ou du sous-préfet est le tribunal de première instance. « Les affaires civiles doivent être portées en conciliation par les chefs de famille devant les notables, qui connaissent aussi des contraventions et des délits de minime importance. Si la conciliation n'aboutit pas, l'affaire est jugée en premier ressort par les préfets et les sous-préfets, qui se contentent de dire le droit. Les parties doivent se conformer à cette sentence. Si l'une ne le veut pas, l'action civile devient alors une action criminelle « parce que, dit Luro, dans les idées des Annamites, par cela seul que l'une des parties n'acquiesce pas à la sentence du juge rendue en conciliation suivant la coutume, elle soutient implicitement que la partie adverse a commis envers elle un délit, dont la nature varie suivant celle des droits attachés à cet objet. Elle l'accuse donc

---

[1] *Missions catholiques,* 1876, n° 344.

d'avoir porté atteinte au droit qu'elle revendique. Or, l'atteinte au droit d'autrui, de quelque nature qu'elle soit, est une injustice ; et comme toute injustice mérite d'être punie, elle poursuit devant le juge la punition de cette injustice et la réparation de ses conséquences [1]. »

La justice criminelle est rendue par les préfets et les sous-préfets, qui ont à rechercher dans le Code de Gia-Long à quel article se rapportent les faits incriminés et à prononcer la sentence portée, sans avoir, comme chez nous, à faire varier la peine entre un maximum et un minimum, la loi étant censée avoir prévu toutes les circonstances possibles, aggravantes ou atténuantes d'un délit. Les dossiers des condamnés à la peine du bâton ou à des peines plus graves sont alors transmis au lieutenant criminel de la province, qui juge en dernier ressort dans le premier cas ; il juge en second ressort les crimes entraînant le travail pénible, la strangulation ou la décapitation avec sursis ou des peines plus fortes. Ces causes sont portées en dernier ressort au ministère de la justice ou au ministère des Trois Règles, et la décision est prise par le roi, grand juge de l'État.

Finances. — Les recettes de l'Annam étaient évaluées en 1878, par M. de Champeaux, consul à Hué, qui a bien voulu nous communiquer ses notes, à 20,885,630 ligatures 02, payées en nature pour la plus grande partie.

Elles se décomposaient ainsi :

	Ligatures.
Impôt foncier.	15,086,718 00
Capitation des inscrits, impôt personnel, capitation des émigrants chinois, contributions diverses sur les rizières, les pêcheries, les barques, lesbacs, etc. . .	3,028,517 00
Fermage des mines d'or et capitation des mineurs.	63,470 00
Fermage des mines d'argent, de cuivre, de plomb et de zinc.	384,897 52
Douanes. . . . . . . ⎫	
Ferme de l'opium. ⎬	2,322,027 50
Fermes diverses. . ⎭	
Total.	20,885,630 02

[1] Luro, *Le pays d'Annam*, p. 124.

La ligature étant au 24 décembre 1884, par décision du général Brière de l'Isle, au taux de 0 fr. 607, c'est un budget de recettes de 12,677,577 fr. 42.

L'impôt foncier était calculé sur 3,560,040 maus de terre ou 1,740,860 hectares, dont 2,908,441 maus ou 1,422,227 hectares de rizières et 651,599 maus ou 318,332 hectares de cultures diverses. Cet impôt croîtra à mesure que le bien-être se répandra dans l'Annam et que de nouvelles terres seront livrées à la culture.

Le nombre des inscrits était évalué à 750,662, dont 597,060 contribuables et 153,602 fonctionnaires exempts de l'"impôt. On remarquera l'exorbitante proportion des privilégiés 20,46 p. 100. Il y a là un grand abus à combattre.

La même année, le compte des dépenses pouvait être ainsi décomposé :

HUÉ :

	Mesures de riz.	Ligatures.
Allocation du roi	1,224	632
Allocation de la reine-mère.	197,518	100,000
Allocation annuelle des mandarins .	6,909,500	13,734
Allocation mensuelle des mandarins.	4,613,200	42,031
Allocation mensuelle des troupes . .	26,744,900	195,681
Services publics.	2,456,770	95,618
Totaux.	40,923,112	447,696

DANS LES PROVINCES :

	Mesures de riz.	Ligatures.
Allocation annuelle des mandarins. .	10,664,500	158,792
Allocation des troupes.	54,337,870	806,803
Services publics.	24,357,330	988,251
Totaux.	89,359,700	1,953,846

Totaux généraux :

	Mesures de riz.	Ligatures.
Dépenses de Hué	40,923,112	447,696
Dépenses des provinces.	89,359,700	1,953,846
	130,282,812	2,401,542

La corvée est une charge pesante pour la population et elle s'applique à tout : au travail des hommes ou à la réquisition des instruments de travail. Ainsi, les propriétaires de jonques sont contraints de fournir leurs bateaux et de les conduire pour le transport à Hué des impôts en nature. M. Navelle, consul de France à Quin-Nhon, nous montre des indigènes coulant leurs jonques pour échapper aux réquisitions. L'un d'eux ayant vu son embarcation jetée à la côte, se hâta de l'abandonner. Vaine précaution, elle était restée inscrite sur le registre des mandarins; elle fut demandée l'année suivante et le malheureux propriétaire ne pouvant la faire naviguer, dut en louer une autre à ses frais pour acquitter la corvée.

Armée. — Le roi est le chef de l'armée. Au-dessous du souverain se trouve le maréchal du centre, véritable connétable du royaume, chargé de la garde de l'enceinte intérieure de la citadelle de Hué (*Thanh-Noi*), résidence du prince. Le maréchal du centre est assisté du maréchal d'avant-garde (*tien-quân*), du maréchal de droite (*huu-quân*), du maréchal de gauche (*ta-quân*) et du maréchal d'arrière-garde (*hau-quân*). Les quatre maréchaux sont les quatre colonnes de l'empire (*Tu-tru*).

Au-dessous des maréchaux, la hiérarchie militaire place les *thong-ché*, généraux de division, commandant 5,000 hommes; les *dé-doc*, généraux de brigade; les *chan-ve-huy* ou *quan-vé*, chefs de régiment; les *pho-quan-ve* ou lieutenants-commandants; les *cai-doi* ou *suat-doi* ou *quan-doi*, chefs de compagnie; et enfin les sous-officiers, les *doi-truong* ou *cai* et les *ngu-truong* ou *bep*.

Les mandarins militaires sont moins considérés dans l'Annam que les mandarins civils, qui seuls ont subi l'épreuve des examens littéraires et ont en général une culture intellectuelle supérieure à celle des chefs de l'armée, choisis d'après leurs aptitudes physiques, leur intelligence militaire ou leurs faits d'armes. « Ce n'est que dans les grades élevés, dit Luro, que l'on trouve des mandarins vraiment instruits et dignes de quelque considération. »

L'armée annamite est divisée en *dinh*, en *vé* ou *co* et en *doi*.

Le *dinh* est une caserne composée de 5 *vé*.

Le *vé* ou *co* est un bataillon de 500 hommes.

Le *doi* est une subdivision de 50 hommes.

Les bataillons de Hué prennent le nom de *vé*, dont chacun est commandé par un *vè-huy;* ceux des autres provinces, excepté la marine, prennent celui de *co*, qui a à sa tête un *quanh-co* ou quelquefois un *hiep-quan.*

Le commandement militaire de chaque province est exercé par un ou plusieurs *lanh-binh* ou *pho-lanh-binh*, suivant l'importance de la province. Le commandant est parfois un *dé-doc.*

Le relevé suivant des troupes a été fait par M. de Champeaux. Il est fort instructif et nous montre des serviteurs personnels du prince ou des mandarins comptés parmi les soldats comme les chefs des nageurs royaux, les bourreaux, les cuisiniers des mandarins, le cuisinier chef du roi, les jardiniers et les artisans du roi, les acteurs du palais, etc.

HUÉ.

Partie de l'effectif appartenant au service royal :

Cam-y-ré (porteurs de lances), 10 doi	500
Thuong-truc (garde), 5 doi	250
Truong-truc (sentinelles), 5 doi	250
Kim-ngo-ve (porteurs d'étendards), 10 doi	500
Tran-vu (exécuteurs des hautes-œuvres), 3 doi	150
Loang-gia (porteurs du siège royal), 4 doi	200
Loang-nghi (porteurs des insignes royaux), 3 doi	150
Duc-vo (porteurs des dais), 3 doi	150
Duc-chan (porteurs des parasols), 3 doi	150
Duc-de (porteurs des palanquins des femmes du sérail), 3 doi	150
Ki-co (tambourins), 1 doi	50
Can-ho-ve (porteurs d'éventails et gardes), 8 doi	400
Kinh-tac (crieurs pour faire place et montrer de la majesté), 2 doi	100
Vong-tranh (chasseurs de gros gibiers), 1 vè de 10 doi	500
Tuong-tra vien (service du thé), 1 doi	50
Vo-bi-vien (chasseurs d'oiseaux), 1 doi	50
Thuong-thien (cuisiniers royaux), 2 doi	100
Tu-phao (gardiens des armes des chasses royales), 1 doi	50
Hoa-thinh (musiciens), 3 doi	150
Thanh-binh (acteurs et comédiens), 3 doi	150
Thu-ho-ve, 5 vè de chacun 10 doi (gardiens des mausolées royaux)	2,500
Phung-ho (gardiens des temples royaux), 5 doi	250
Yen-ho (soldats préparant des nids d'hirondelles), 1 doi	50
Ngu-ho (pêcheurs de poissons), 1 doi	50
Tai-tho (jardiniers royaux), 1 doi	50
Long-thuyen-ve (nageurs royaux), 10 doi	500
Total des troupes au service du roi	7,450

À Hué se trouvent encore 43,200 hommes, parmi lesquels on rencontre les porteurs de palanquins de mandarins, les cornacs, les cuisiniers de la reine-mère, des mandarins, les gardes des ministères et des corps qui portent des noms destinés à frapper l'ennemi de terreur, comme les dragons, les tigres. La marine compte 6,000 hommes.

PROVINCES :

Les troupes des provinces du Nord, y compris celles du Tonkin, s'élevaient à 54,950; celles des provinces du Sud à 18,650.

RÉCAPITULATION :

Troupes au service du roi....................	7,450
Troupes de Hué	43,200
Troupes du Nord.........., ...	54,950
Troupes du Sud ....,...............,.,...........	18,650
Marine de Hué..,......................	6,000
	130,250

Les soldats de la capitale et des provinces sont payés à solde entière, c'est-à-dire que chacun reçoit une mesure de riz valant de 5 à 6 ligatures et une ligature par mois.

Ceux des phus, des huyens, des chaus, des ports ou douanes, des stations postales et des résidences de princes et de princesses sont recrutés parmi les gens de villages et payés à moitié solde, sans uniforme.

Le nombre de soldats admis dans chacun de ces postes est généralement d'un doi, c'est 33,300 hommes.

En temps de paix, le gouvernement congédie la moitié ou les deux tiers de ses troupes[1].

---

[1] Nous donnons, à titre de curiosité, certains noms des régiments annamites :

Régiments attachés au service du roi. — Les cam-y, les kim-ngo, les loang-gia, les thi-vé, les vo-lam.

Régiments de défense. — Les than-co (canonniers), les tien-phong (avant-garde), les long-vo (dragons), les ho-oai (tigres), les bung-nhue (braves), les ki-vo (vétérans), les kinh-tuong (cornacs de Hué), les thuong-tu (cavalerie), les kim-thuong, les giao-duong (fils de hauts fonctionnaires militaires défunts), les thuong-tra (service du thé), les thuong-thien (cuisiniers royaux), les tai-tho (jardiniers), les hoa-thinh (musiciens) et les hoa-phao (artificiers).

Régiments de l'armée régulière. — Gardes des palais princiers, police de Hué, chas-

L'artillerie de l'Annam comprenait des canons en bronze et des canons en fonte variant entre 80ᶜ et 3ᵐ,10 de longueur, entre 4ᶜ et 34ᶜ de calibre; à côté de canons de fabrique européenne se voyaient des pierriers et des fusils de rempart.

Instruction publique. — Nous trouvons dans l'instruction publique une Académie nationale (*ham-lam-vien*), dont le nombre de membres n'est pas déterminé, un service d'éducation des princes, un collège national (*quac-tu-giam*), un bureau de l'astronomie (*kham-thien-giam*). La littérature étudiée dans les écoles est la littérature chinoise; la morale, celle de Confucius.

L'instruction primaire est donnée dans chaque village par un maître d'école choisi par les notables. Les arrondissements et les départements ont des écoles dirigées par des bacheliers ou des licenciés nommés par le gouvernement ou exerçant librement et placés sous la surveillance des inspecteurs des études de la province qui ont le grade de docteurs. Des examens servent de sanction aux études. Luro distingue :

1º Les examens trimestriels par province (*khoa*), destinés à maintenir le goût des études parmi les populations; 2º les examens triennaux par région (*huong-thi*), où se présentent les candidats au baccalauréat et à la licence; 3º les examens de la capitale (*hoi-thi*), où se confère le doctorat[1].

Telle est, dans ses grandes lignes, l'organisation savante et compliquée du gouvernement de l'Annam. Elle se présente en théorie avec toutes les garanties possibles pour les sujets, et cependant elle produit des résultats déplorables. Les fonctionnaires ont une capacité réelle, constatée par les examens des lettrés, et néanmoins tout périclite entre leurs mains. Luro voit la cause de ces faits dans le manque de contrôle, car toute affaire arrive en dernier ressort au roi,

---

seurs, les duc-bao, les cuisiniers des mandarins, les acteurs, les détachements des ministères.

Marine. — Les long-thien (nageurs des barques royales), les casernes situées sur la droite du fleuve Huong-Giang, les kien-chau, les thien-chau, les thau-nam et les thau-bac.

Les compagnies attachées aux autres services sont les phu-dao, les am-vien, les gardiens des deux pagodes dans la résidence royale, les vo-kho, les ngu-ho, les yen-ho, les moc-thuong et les soldats du hanh-nhon-ti.

[1] Luro, *op. cit.*, p. 145.

dont la puissance de travail succomberait sous une telle tâche, eût-il d'ailleurs toutes les qualités morales et intellectuelles.

Villes. — « Dans l'Annam, à part les capitales, il n'y a guère de ville au sens européen du mot, dit M. Luro. Autour d'un centre administratif, installé dans une forteresse ou dans une simple enceinte, et placé le plus ordinairement sur le bord d'un cours d'eau, s'agglomèrent des communes distinctes en plus ou moins grande quantité, suivant l'importance administrative et surtout commerciale du lieu. Là, pas de rues, pas de maisons à étages, peu de maisons couvertes en tuiles. La population très dense, dépassant quelquefois plusieurs milliers d'âmes, habite des maisons généralement en paille qui ont reçu de nos soldats la dénomination pittoresque et caractéristique de *paillottes*. Cachées le plus souvent au milieu des vergers, entourées de haies de bambou ou de cactus, elles sont disséminées au hasard et reliées l'une à l'autre par d'étroits et tortueux sentiers. Sur la berge du fleuve ou du canal, qui avoisine la citadelle, la vie commerciale devient plus intense, les paillottes et les maisons s'alignent presque et s'amoncellent au point de se toucher. Ici pas de quai : l'habitation, bâtie partie à terre, partie sur pilotis, empiète sur le cours du fleuve. Un étroit sentier circule le long des habitations, du côté opposé à la berge et aboutit généralement en aval et en amont, à une place rectangulaire où se trouve le marché, grand hangar couvert en tuiles ou en paille, dans lequel la population se presse bruyamment tous les matins. Il faut un guide indigène pour se diriger dans de pareils dédales. La citadelle elle-même, quand il s'agit d'une enceinte de cette importance, à part les portes et quelque pagode ou édifice administratif d'architecture bien modeste, ne frappe nullement l'Européen. On comprend qu'on ne peut donner le nom de villes à de pareils centres de population qu'après avoir prévenu du sens qui doit y être attaché[1]. » Les villages ne sont pas, comme au Tonkin, entourés de ces haies de bambous que nous avons signalées et dont les Chinois savaient se faire des retranchements pendant la campagne.

Hué[2], à 12 milles environ de l'embouchure de la rivière qui l'arrose,

---

[1] Luro, *Le Pays d'Annam*, p. 26.

[2] La ville de Hué compte 150,000 habitants d'après les uns, 100,000 suivant les autres, ou mieux de 30 à 40,000 âmes. La colonie chinoise compte 1,000 marchands environ.

sé composc de deux parties, la ville intérieure, forteresse construite à la Vauban vers 1795, par le colonel Ollivier et par les ingénieurs français de Gia-Long, résidence de la cour royale, et la ville extérieure où demeure la masse de la population. La rivière entoure la place de deux côtés. Sur les autres côtés, un canal de 30 à 40 mètres de largeur défend les approches de la place. « La ville de Hué, à bien considérer, n'est que l'immense citadelle où se trouve concentré tout le pouvoir royal, disait M. Chaigneau dans ses souvenirs de Hué; c'est la résidence du souverain qui y tient ses troupes, ses parcs d'artillerie, ses trésors, ses arsenaux et ses magasins. Dans cette enceinte, à l'exception de quelques demeures de mandarins, on ne voit aucune maison particulière, et aucun commerce ne s'y fait, si ce n'est celui de vendre du thé et des aliments aux troupes et aux domestiques des mandarins. Ceux qui font ce métier se tiennent dans de misérables barraques construites en bambou et couvertes de paille, qui, loin d'embellir la ville, la rendent plus désagréable à la vue. Tout le commerce, toutes les professions, ainsi que la bourgeoisie, sont relégués dans les faubourgs, à une assez grande distance de la ville. »

De son côté, M. Brossard de Corbigny, chef de l'ambassade qui alla à Hué échanger les ratifications du traité de 1874[1], décrit ainsi les faubourgs de la ville commerciale, qu'il rencontra en remontant la rivière : « Des cases en paille, à la charpente de bois dur, se « pressent entre les touffes de bambous le long de la berge. De temps « en temps, une maison basse en pierre, sans étage et couverte en « tuiles, surmonte l'alignement des cases de chaume; c'est la demeure « privée de quelque petit mandarin ou d'une famille de marchands. « Plus loin, une petite pagode, plus étroite même que les maisons, « montre son toit orné, sur les arêtes de moulures de plâtre, et sa « façade agrémentée de sentences religieuses... La ville commerciale « de Hué est distincte de la ville officielle ou enceinte fortifiée; elle « s'étend, en aval de celle-ci, de l'autre côté de l'un des fossés de « défense, et n'est reliée à la citadelle que par des ponts de bois « faciles à couper. Une ou deux longues rues, très mal entretenues,

---

[1] La mission se composait de MM. le baron Brossard de Corbigny, capitaine de vaisseau, envoyé extraordinaire ; Regnault de Prémesnil, capitaine de frégate, deuxième envoyé; Brossard de Corbigny et Blouet, lieutenants de vaisseau, attachés. M. Prioux, officier d'infanterie de marine, interprète annamite, était adjoint à la commission. Cet officier est aujourd'hui sous-intendant.

« forment à peu près tout le village. Les maisons sont construites en
« pierre et couvertes en tuiles; le jour entre seulement par la façade
« entièrement ouverte, et garnie de tables en gradins où chacun vient
« s'accroupir et traiter des objets exposés dans cette espèce de ves-
« tibule. Des nattes en bambou s'avancent au bord du toit en forme
« de tentes et rendent encore l'intérieur plus obscur[1]. »

La citadelle est de forme carrée, ses côtés, flanqués de bastions,
ont 2,400 mètres de longueur et sont percés chacun de quatre portes
surmontées de tours, donnant passage à des routes bien dallées, se
coupant à angle droit, bordées de lilas roses et bien entretenues.
L'escarpe est en briques et est bordée par un fossé de 30 mètres de
largeur.

Le roi habite une seconde enceinte, également entourée de bastions,
au milieu de son harem et des palais des grands mandarins.

Hué est la capitale depuis 1558; elle fut choisie à cette époque par
Nguyen-Hoan, premier seigneur des provinces du Sud, sous la domination des Lê. Jusqu'en 1884, les Européens, sauf le résident de
France, ne pouvaient pénétrer dans la ville officielle; au commencement de cette année, elle fut ouverte à nos officiers et aux missionnaires. Aujourd'hui la citadelle est occupée par une garnison française.

Feï-Fo, dans le Quang-Nam, compte 40,000 habitants, dont 12,000
Chinois. Située au milieu d'un bassin houiller, sur un fleuve qui se
jette dans la mer par trois embouchures et qui peut porter de grandes
jonques, cette ville est appelée à un grand avenir commercial.

Cam-Lo, citadelle que les Annamites élèvent pour servir de refuge.

Quin-Nhon (13° 45′ 23″ lat. N.; 106° 53′ 15″ long. E.) offre un point
de relâche facile aux bâtiments qui font la traversée de Saïgon à
Haïphong ou qui se dirigent sur le Céleste-Empire. La garnison annamite qui l'occupait avant notre établissement n'empêchait pas les
pirates chinois de venir rançonner les jonques jusque sous le feu des
fortins qu'elle occupait.

« Quin-Nhon n'a jamais été le nom du port que l'on désigne ainsi
aujourd'hui sur les cartes européennes. Ce port s'appelle de son
ancien nom *Gia* et de son nom moderne *Thi-Naï*. Les premiers
bateaux de guerre français qui étudièrent les côtes de l'Annam avaient

[1] Brossard de Corbigny, *Tour du Monde*, 1er semestre 1878, p. 39.

à leur bord des interprètes annamites qui n'attachaient aucune importance aux appellations géographiques, et acceptaient sans aucun contrôle ce que leur disaient les indigènes. Ceux-ci, de leur côté, sauf les mandarins, ignorent généralement la dénomination des lieux qu'ils habitent, et estiment qu'il est puéril de s'attacher à de tels détails. Les premiers indigènes interrogés à Thi-Naï pensèrent que rien ne pouvait les rehausser davantage dans l'esprit des nouveaux venus, que le nom de Quin-Nhon, tout à fait vague à leurs yeux, mais qu'ils savaient désigner une de leurs plus vieilles gloires nationales. C'est ainsi que la baie de Thi-Naï s'est trouvée officiellement dénommée Quin-Nhon en Europe, quoique les autorités françaises soient obligées de l'appeler Thi-Naï dans leurs relations avec les autorités annamites, afin de se faire comprendre d'elles. Quin-Nhon était autrefois le nom de toute cette région et désignait particulièrement l'une des capitales les plus importantes du royaume Tsiampa (Ciampa). On en distingue encore les ruines non loin de la ville de Binh-Dinh; la vieille citadelle mesurait plus de 12 kilomètres de tour, et plusieurs hameaux sont venus s'établir aujourd'hui dans son enceinte de terre[1]. »

Population. — Les mœurs de l'Annam sont les mêmes que celles des habitants de la Cochinchine et du Tonkin que nous avons déjà décrites. Nous ne donnerons donc ici que des détails complémentaires.

La cour de Hué prend un grand plaisir aux combats du cirque, et elle oppose parfois le tigre à l'éléphant. Lors de la signature du traité Patenôtre, il fut question d'offrir ce spectacle au plénipotentiaire français, mais le félin destiné à combattre avait tellement été abîmé lors de sa capture qu'il fallut renoncer au projet.

La population, très dense dans l'Annam central, aux environs de Hué et dans les vallées où pousse le riz, est clair-semée dans les parties montagneuses et sur les dunes qui avoisinent la mer; là, on ne rencontre que quelques villages de pêcheurs.

Les sauvages qui occupent les frontières de l'Annam payent parfois une certaine redevance. Ils n'ont aucune ressemblance avec les Annamites. Leurs tribus portent des noms divers et ils parlent des dialectes différents, dont quelques-uns sont polysyllabiques et paraissent se

[1] Ch. Labarthe, *Quin-Nhon et la province de Binh-Dinh*, dans la *Revue de géographie*, septembre 1883.

rapprocher du sanscrit. Les seuls Européens qui les aient décrits sont MM. Harmand, Neis et Gautier. Grands, agiles, la poitrine bien développée, ces sauvages ont les yeux droits et la peau basanée.

Le nombre des Chinois a diminué depuis le développement des opérations militaires et le blocus du littoral par l'escadre de l'amiral Courbet.

Religions. — Les différents cultes païens professés dans l'Annam sont :

1º Le culte du Ciel, ne comptant qu'un seul adorateur privilégié, le roi, en sa qualité de Fils du Ciel;

2º Le culte de Confucius, sans corps de doctrines et avec un cérémonial rudimentaire : c'est la religion des mandarins et des lettrés;

3º Le culte des esprits tutélaires, rendu par les notables des villages, toutes les quinzaines des mois lunaires à un esprit désigné par le roi : il consiste surtout en un festin comme autrefois dans l'empire romain quand il s'agissait d'honorer le génie d'une corporation;

4º Le culte des ancêtres, le plus répandu : c'est la conséquence du collectivisme familial des peuples orientaux;

5º Le bouddhisme, en pleine décadence.

La généralité des chrétiens appartient aux classes pauvres de la société. Nous regrettons ce fait, car nous ne pourrons guère tirer de fonctionnaires de cette fraction du peuple annamite qui sera la première ralliée à notre domination; la situation sociale de la plupart des chrétiens les a tenus à l'écart de l'administration et des études qui préparent les lettrés. Pendant la guerre, les Annamites et les Chinois ont traité les chrétiens comme nos alliés. Le prince Hoang-Ké-Viem, sur les ordres de la cour, a fait brûler leurs villages; plusieurs centaines d'indigènes et plusieurs missionnaires francais ont été massacrés, particulièrement dans le Thanh-Hoa.

IV.

GÉOGRAPHIE ÉCONOMIQUE [1].

Constitution géologique du sol. — Les montagnes de l'Annam sont généralement granitiques; elles contiennent des minerais pour la plupart non exploités. Les provinces de Tourane et de Hué renferment du zinc, du cuivre, du fer (oxyde et carbonate), de l'or et de l'argent. Le Quang-Nam est la plus riche province au point de vue minier. Dans les provinces du Thanh-Hoa et du Nghé-An, le sol est argileux avec des traces de minerais de fer. Les cailloux roulés, recueillis dans le lit des fleuves côtiers, semblent déceler la présence dans la chaîne annamitique du granit, du gneiss et du micaschiste. Dans l'Annam central, les montagnes forment deux chaînes parallèles; la première, celle qui est le plus rapprochée de la mer, présente des schistes de couleur violacée; la seconde, plus élevée, est de formation calcaire. Cette roche est dure et compacte. Dans certaines vallées, comme celles du Cam-Lo, du Da-Hanc, du Ba-Truc, elle constitue le sous-sol. Souvent elle prend la forme de marbre noir, veiné de blanc ou de rose, ou de marbre gris d'une extraction facile; le peu de profondeur de la couche ne demande que des puits de six à sept mètres. Le marbre extrait peut recevoir un beau poli. Vers Tourane et les sources du Song-Giang se voient des grottes calcaires très visitées. Les marbres blancs de Tourane sont fort beaux.

On signale le terrain houiller dans la vallée de la rivière de Hieou, dans le Thanh-Hoa, et dans la vallée de la rivière de Tourane, à Hong-Son, à deux journées de marche du rivage. Une concession de ces derniers gisements a été concédée en 1881 à une société chinoise.

L'ordre géologique des couches paraît être le suivant : grès et schistes permiens rougeâtres, terrain houiller ou grès et schistes rouges et gris, calcaire et, vers le Laos, grès et schistes dévoniens.

Marais salants. — Les marais salants sont beaucoup moins nombreux que vers les bouches du Mékong et du Song-Koï. On les exploite

---

[1] Nous nous sommes bornés, dans ce chapitre, à signaler les particularités propres à l'Annam. Nous prions nos lecteurs de se reporter, pour les généralités, aux articles que nous avons publiés sur le protectorat du Tonkin,

dans la baie de Quin-Nhon et dans la baie de Nuoc-Ngot. Partout ailleurs l'extraction du sel se fait de la manière suivante. Les indigènes répandent de l'eau de mer sur des monticules de terre qui sont rapidement saturés de chlorure de sodium sous l'influence de l'évaporation produite par la vapeur solaire. La terre saturée est alors lavée avec de l'eau douce et cette eau est évaporée dans des bassins. Le produit obtenu est assez beau, bien cristallisé, quoiqu'un peu gris et terreux.

L'Annam, proprement dit, a toujours été considéré et est réellement la partie la moins fertile du royaume. Le delta du Mékong et celui du Song-Koï fournissent les vivres à l'armée et à la population. En 1862, la cessation des envois de riz du sud à Hué fut une des causes qui contraignirent à la paix Tu-Duc, menacé de voir également les produits du Tonkin arrêtés par une révolte. La nécessité obligea le souverain à imposer de nouvelles charges à ce dernier pays pour réparer la perte des contributions en nature des provinces méridionales. Le mauvais gouvernement du pays, la prohibition du commerce du riz, les douanes intérieures s'opposaient d'ailleurs au développement de l'agriculture. On voit par là combien nous pouvons peser sur l'Annam dès que nous aurons organisé complètement le Tonkin.

Productions. — Les principales productions de l'Annam sont :

Plantes alimentaires : riz, maïs, canne à sucre, thé, cannelle, poivrier, igname, caféier, arbres fruitiers (cocotiers, aréquiers, bananiers, ananas, etc.), et légumes des pays tropicaux;

Plantes industrielles : mûrier, coton, ortie de Chine, sésame, arachide, bétel, tabac, indigo, essences forestières propres à la construction.

Le riz donne deux récoltes, en mai et en octobre, dans les terres inondées; dans les contrées élevées comme dans le Binh-Dinh, il est moins succulent que dans les plaines; sa teinte est rougeâtre au lieu d'être blanche.

La canne à sucre est grêle et de peu d'apparence; si son rendement est peu considérable, le produit qu'on en retire est excellent. Le maïs se plaît dans les terrains légèrement humides.

Le thé de Hué est de bonne qualité et propre à l'exportation. Dans les provinces du Thanh-Hoa, du Nghé-An, du Ha-Tinh, généralement élevées et accidentées, où le sol est peu propre à la culture du riz, les habitants se livrent surtout à la culture des plantes industrielles;

c'est là que les Annamites récoltent la cannelle la plus appréciée. Le poivrier, recueilli dans les environs de Hué, est de qualité supérieure, mais peu abondant.

Le mûrier croît bien sur les rives sablonneuses des cours d'eau, recouvertes par l'inondation. L'arachide, que l'on rencontre surtout dans le Binh-Dinh et le Phu-Yên, fournit des produits à l'exportation. Dans tous les jardins on rencontre quelques pieds de bétel destinés à la consommation du propriétaire. Cette plante n'est cultivée que dans certaines localités pour le commerce. Le tabac des plateaux est de qualité supérieure au produit récolté dans la Basse-Cochinchine.

Il sera possible de défricher les terres vers la montagne; le sol argileux sera d'un bon rapport, mais il n'y a pas à songer à y établir des rizières. Parmi les cultures à développer nous citerons celle du café qui donne d'heureux résultats, l'indigo qui n'est pas exploité en grand, bien qu'il y ait des terres excellentes pour sa production.

Industrie. — L'industrie n'est guère florissante, et une prescription de la loi était très contraire à son développement. C'était celle qui autorisait le roi à requérir, pour son service personnel, les ouvriers qui se distinguaient dans un métier par leur habileté et leur talent, au prix d'un salaire dérisoire. « Autant vaudrait, dit le commandant Brossard de Corbigny, le travail de la prison. Aussi Hué ne produit-il absolument rien en dehors des objets usuels les plus vulgaires. Quelques fabricants d'ornementations grossières s'y tiennent dans la plus grande médiocrité, tandis que les objets du même genre, fabriqués chez les missionnaires, à l'abri du monopole royal, et vendus de gré à gré, sont de petits chefs-d'œuvre de marqueterie [1] ».

L'alcool de riz se fait dans quelques villages par des procédés très rudimentaires : une marmite sert de cucurbite et le serpentin est représenté par une tige de bambou. L'huile d'arachides s'obtient en mettant les graines dans un tronc d'arbre creusé en forme de cylindre et muni d'une fente longitudinale. Les graines sont écrasées par des coins de bois enfoncés à coups de marteau. On comprend que les tourteaux rejetés sont encore très riches en huile. La province de Quin-Nhon fait du vermicelle avec de la farine de riz ou de haricots. Il existe des fours à chaux où l'on utilise les coquillages et les madrépores. Les briques, autrefois bien faites, sont aujourd'hui mal cuites

---

[1] Brossard de Corbigny, *Tour du monde*, 1878, 1ᵉʳ semestre, p. 48.

et se pourrissent sous la pluie. Il est possible de rendre à cette industrie son ancienne activité et son ancienne perfection.

Les crépons de soie annamite sont surtout fabriqués dans la province de Binh-Dinh. En 1881, d'après M. de Verneville, consul de France à Quin-Nhon, cette industrie, contrariée par la concurrence des Chinois, était en décadence et n'occupait à cette époque que 34 métiers.

La côte de l'Annam est très poissonneuse et la pêche fut autrefois une industrie prospère. Les indigènes sont d'habiles marins et faisaient aussi le cabotage ; de nombreuses embarcations fréquentaient tous les havres du littoral. La piraterie a mis fin à cet état de choses et les forces navales de l'empire étaient impuissantes contre les écumeurs de mer. On aurait pu croire que la cession par la France de plusieurs navires équipés à Tu-Duc, au moment du traité du 15 mars 1874, permettrait au roi de rendre quelque sécurité sur les côtes ; mais nous savons, par la relation de M. Dutreuil de Rhins, ce que devinrent nos pauvres bâtiments entre les mains des Annamites. Notre autorité seule pourra rendre à la pêche son ancienne importance et permettre aux indigènes de reprendre le commerce du cabotage.

Le prix de la main-d'œuvre n'est pas élevé. Le salaire moyen est d'une ligature pas jour. Les Annamites sont volontiers terrassiers, portefaix, charpentiers, scieurs de planches, constructeurs de paillottes. Des contre-maîtres européens pourraient facilement les diriger et les instruire de nos procédés de travail. ·

Commerce. — Le commerce extérieur se fait principalement par Hong-Kong et porte sur le thé chinois, les cotonnades anglaises, la porcelaine commune, les objets de toilette, les médecines chinoises, les allumettes, le papier, le joss-stick et l'opium. Les bois de l'Annam pourraient faire l'objet d'un trafic avec le Delta du fleuve rouge.

Le cabotage, dont l'importance a diminué, tant par la piraterie que par les entraves apportées au commerce par les mandarins, relie le Tonkin, le Nghé-An et le Quang-Nam qui exportent le riz, et les autres provinces du royaume qui le reçoivent.

Le mouvement de la navigation dans le port de Quin-Nhon, ouvert aux Européens, était en 1884 de 54 vapeurs et de 4 voiliers. 45 des vapeurs appartenaient à la Compagnie des Messageries maritimes, les autres bâtiments étaient anglais ou allemands.

Les traversées régulières du *Saïgon* et de l'*Aréthuse*, des Messageries maritimes, entre Saïgon et Haïphong, se font avec relâche à Tourane et à Quin-Nhon. Les départs de la Cochinchine ont lieu tous les quinze jours et *vice versâ*.

Le commerce local porte surtout sur les produits alimentaires : porcs, chiens, poulets, canards, œufs, poisson, nuoc-nam, riz décortiqué ou non, patates, ignames, canne à sucre, cassonnade, sucreries, nougats, fruits divers (oranges, bananes, noix d'arec), tabac, bétel, etc. ; sur les objets d'habillement et les produits industriels : soies, crépons, chapeaux, manteaux en paillottes, poteries, marmites en cuivre, boîtes et incrustations, nattes, etc. C'est là le trafic d'un pays primitif.

Les négociants chinois parcourent le pays, achetant les récoltes sur pied, et font des avances en argent ou en marchandises aux agriculteurs.

Le commerce avec les tribus sauvages du Laos importe du riz, du maïs, des courges, des porcs, de la cire, du miel, du tabac, des rotins, de la résine, des torches, de l'ivoire, des arachides, du sésame, du bois d'aigle, etc. ; il exporte du sel, de l'eau-de-vie, des verroteries, des jarres en terre, des instruments aratoires, des gongs, de l'opium et de l'étain. Les échanges se font sur des marchés de la frontières, désignés par les mandarins, et dont le principal est Cam-Lo, dans le Quang-Tri.

La proximité de la petite île de Poulo-Gambir favorise la contrebande. Des sampans chargés de riz ou d'autres matières partent de Quin-Nhon sous prétexte d'approvisionner les habitants, transbordent leurs marchandises à bord des jonques chinoises qui stationnent sur la côte est de l'île, et qu'on ne peut apercevoir du port. Pour mettre un terme à ce commerce illicite, il sera nécessaire de placer un poste de surveillants dans l'île.

L'importance commerciale de Quin-Nhon est moins considérable qu'on ne l'avait pensé au moment de la signature des traités de 1874, mais sa situation dans la plus riche des provinces de l'Annam proprement dit, nous fait un devoir d'y conserver un établissement. La garnison appelée au Tonkin après la mort de Rivière, y est retournée avec le consul M. Navelle, sur l'ordre du général Millot, le 25 août 1884.

Voies de communications. — La route royale qui traverse du sud au nord tout l'ancien royaume annamite, par Saïgon, Hué, Hanoï et se relie aux routes chinoises a 6 mètres de largeur, en moyenne, mais souvent elle se rétrécit; d'autres fois elle atteint de 8 à 10 mètres. Le manque d'entretien fait perdre à cette voie une partie de son importance, car elle est dans sa plus grande étendue impraticable aux voitures et ne permet que l'emploi des coolies ou des bêtes de somme. Le défaut de sécurité augmente le prix des transports, parce que les porteurs ou les propriétaires de chevaux et de bœufs se font garantir contre les risques de la route. La grande artère de la Cochinchine traverse plusieurs défilés, en particulier les portes de fer près de Tourane, à 470 mètres d'altitude, et le passage de Vung-Chuoa. Un certain nombre de voies de communication s'embranchent sur la route royale et se dirigent vers les cols de la chaîne séparative du Mékong, souvent traversés par les marchands.

Le service des postes se fait par les trams sur la route impériale. Thuan-An est relié à Hué par une ligne télégraphique aérienne. Cette ligne communique avec Saïgon par un câble sous-marin.

Travaux publics. — De nombreux travaux publics doivent être exécutés dans l'Annam. Au premier rang nous citerons le perfectionnement de l'ancienne route royale et l'ouverture de nouvelles voies de communication pour faciliter l'exploitation des richesses de la partie montagneuse du pays, bois des forêts, minerais, marbres et calcaires, l'entretien des canaux faisant communiquer les embouchures des fleuves côtiers. Un chemin de fer Decauville pourrait être établi entre Tourane et Cau-Haï. Souvent les pays favorables à la culture restent en friche à cause du manque de débouchés. Enfin dans les ports ouverts, à Thuan-An, à Xuanday, à Tourane et à Quin-Nhon, comme dans la capitale, notre occupation nous impose la construction de casernes, d'hôpitaux, de bureaux de douane, etc.

Cet exposé très succinct ne doit pas faire désespérer de l'avenir de ce pays. Il est encore mal connu, très fermé aux Européens. A notre avis il a avant tout besoin d'être exploré, et nous sommes certains que le jour où nous aurons ouvert ses débouchés vers le Laos, il se produira un courant commercial qui fécondera les provinces du littoral qui nous semblent aujourd'hui déshéritées. Dans les pays neufs, qu'on ne l'oublie pas, la sécurité assurée, le dernier mot est aux ingénieurs, aux industriels et aux commerçants. Un jour venant nous aurons l'occasion de dire comment nous comprenons l'exploitation des protectorats tonkinois et annamite; pour le moment nous n'avons eu que la modeste prétention de donner les renseignements que nous possédons.

Paris. — Imprimerie L. Baudoin et Cⁱᵉ, rue Christine, 2.

PARIS. — IMPRIMERIE L. BAUDOIN ET Cᵉ, RUE CHRISTINE, 2